# Deutschbuch

## Trainingsheft für Klassenarbeiten und Lernstandstests

## 8

*Gymnasium Nordrhein-Westfalen*

Herausgegeben von
Bernd Schurf und
Andrea Wagener

Erarbeitet von
Gerd Brenner, Heinz Gierlich,
Cordula Grunow, Markus Langner,
Kerstin Muth, Norbert Pabelick,
Corinna Potthoff, Nicole Rottinghaus,
Bianca Weber

Cornelsen

# Inhaltsverzeichnis



*Mit dem beigefügten Lösungsheft kannst du deine Ergebnisse selbst überprüfen.*

# Wie du mit diesem Heft für Klassenarbeiten und den Lernstandstest trainieren kannst

Liebe Schülerin, lieber Schüler,

mit diesem Trainer kannst du dich gezielt vorbereiten, und zwar auf die **fünf Klassenarbeiten** und **die Lernstandserhebung** (LSE) im Fach Deutsch am Ende der 8. Klasse. Alle Kapitel sind in fünf Schritten aufgebaut. Dieser „rote Faden" hilft dir dabei, die Aufgabenstellung zu verstehen, die nötigen Teilaufgaben erfolgreich zu lösen und deinen zusammenhängenden Text zu überarbeiten:

E Den eigenen Text überarbeiten

D Den Schreibplan erstellen

C Übungen zu Schwerpunkten der Aufgabe

B Erstes Textverständnis – Ideen entwickeln – Stoff sammeln

A Die Aufgabe verstehen

Mit dem eingelegten Lösungsheft kannst du jeden Arbeitsschritt kontrollieren, bevor du weiterarbeitest.

## Klassenarbeiten vorbereiten – Aufgabentypen erkennen

**1** *Finde mit Hilfe der Übersicht heraus, um welchen Aufgabentyp es in der nächsten Klassenarbeit gehen wird. Wenn du dir nicht sicher bist, frage deine Lehrerin oder deinen Lehrer. Mach dich mit den Arbeitsschritten A bis E vertraut und bearbeite anschließend das jeweilige Kapitel.*

| Aufgabentyp | Erläuterungen und Beispiele | Kapitel |
|---|---|---|
| 2 Auf der Basis von Materialien sachlich berichten und beschreiben: | Hier sollst du einen Text verfassen, der über ein bestimmtes Thema oder Ereignis zusammenhängend, sachlich und kurz informiert (z. B. Bericht für ein Portfolio oder die Zeitung). | Seite 6–9<br>Seite 10–15 |
| **3** Eine Argumentation zu einem Sachverhalt verfassen: | Dieser Aufgabentyp erfordert, dass du zu einem Sachverhalt deine Meinung darstellst und begründest, z. B. in Form eines Leserbriefs oder einer kurzen Stellungnahme. | Seite 16–21<br>Seite 22–27 |
| **4a** Einen Sachtext/medialen Text analysieren, einen literarischen Text untersuchen und bewerten: | Hier geht es darum, verschiedene Aspekte eines Sachtextes genau zu untersuchen (z. B. Lexikonartikel, Kommentar). Bei einem literarischen Text (Romanauszug, Gedicht, Erzählung) geht es außerdem um Wirkung und Deutung des Textes. | Seite 40–45<br>Seite 46–51<br>Seite 52–57 |
| **4b** Aus verschiedenen Texten Informationen entnehmen, diese Informationen in Beziehung setzen, deuten und bewerten: | Mit Hilfe von Fragen sollst du mehrere Texte zu einem Thema auswerten. Übereinstimmungen und Unterschiede bieten dir Anlass für deine eigene Stellungnahme. Oft handelt es sich um Sachtexte (Lexikonartikel, Fachartikel usw.) und Diagramme bzw. Tabellen zum jeweiligen Thema. | Seite 58–63<br>Seite 64–71 |
| 5 Einen vorgegebenen Text überarbeiten: | Bei diesem Aufgabentyp sollst du einen fehlerhaften Text (z. B. einen misslungenen Bericht) nach vorgegebenen Schwerpunkten (z. B. Aufbau, Wortwahl, Rechtschreibung) überarbeiten. | Seite 34–39 |
| **6** Einen literarischen Text verstehen und kreativ umgestalten: | Dieser Aufgabentyp verlangt, dass du dich intensiv mit einem literarischen Text auseinandersetzt, indem du z. B. die Ereignisse aus einer anderen Sicht erzählst, den Text fortsetzt usw. | Seite 28–33 |

## Die Aufgabenstellung genau lesen – Operatoren erkennen

**2** *Lies die Aufgabenstellung in der Klassenarbeit oder in der Lernstandserhebung aufmerksam durch und mache dir klar, was sie verlangt. Nicht alle Aufforderungen sind so eindeutig wie: „Kreuze die* ***falsche*** *Antwort an." oder „Beschreibe den Aufbau des Textes."*

**3** *Verschaffe dir anhand der folgenden Tabelle einen Überblick über wichtige Anforderungen (so genannte Operatoren, wie z. B. interpretiere, analysiere, bewerte …), die in den verschiedenen Aufgabentypen erwartet werden. Diese Teilanforderungen werden meistens ausdrücklich erwähnt.*

| | Literarischer Text | Sachtext |
|---|---|---|
| | Gedichte, Kurzgeschichten, Romanauszüge etc.<br>**Du sollst …** | Zeitungsartikel, Lexikoneinträge, Diagramme etc.<br>**Du sollst …** |
| **analysieren und interpretieren** | ☐ … den Aufbau des Textes **beschreiben** und die zentralen Inhalte bzw. die Kernaussage **erfassen** und **wiedergeben.**<br>☐ … Deutungsvorschläge **entwickeln,** formulieren und in größere Zusammenhänge **einordnen** können.<br>☐ … den Text auf Gattungsmerkmale hin **untersuchen** und die Wirkung der sprachlichen Mittel darstellen.<br>☐ … Textaussagen **bewerten** und mit Hilfe von geeigneten Zitaten **begründen.** | ☐ … den Aufbau des Textes **beschreiben** und die zentralen Gedanken erfassen und **wiedergeben.**<br>☐ … Informationen aus den jeweiligen Texten **zusammenfassen, vergleichen** und **bewerten.**<br>☐ … die äußere Form und Sprache **untersuchen** und deren Wirkung an Beispielen **darstellen.**<br>☐ … Textaussagen **bewerten** und mit Hilfe von geeigneten Zitaten **begründen.** |
| **erörtern** | ☐ … den Argumentationsgang einer Vorlage **zusammenfassen.**<br>☐ … Argumente / Beispiele sammeln, **nennen** und Thesen **entwickeln.**<br>☐ … Argumente prüfen / dich mit ihnen auseinandersetzen und sie **bewerten.**<br>☐ … Argumente **in Beziehung setzen** und zu einer Argumentationskette verknüpfen.<br>☐ … einen Argumentationsgang **entwerfen** und **verfassen.**<br>☐ … zu einem Text oder Sachverhalt kritisch **Stellung nehmen.** | |

**4** *Besorge dir eine vollständige Liste der Operatoren bei deiner Lehrerin / deinem Lehrer oder informiere dich selbstständig im Internet unter:* ***http://wiki.zum.de/Operatoren_im_Deutschunterricht/Nordrhein-Westfalen***

**5** *Arbeite mit den Operatoren. Lege dir z. B. von jedem Operator eine Karteikarte an. Notiere auf der Rückseite in deinen eigenen Worten, was sie bedeuten, und finde Beispiele oder Symbole dafür.*

**6** *Schau dir außerdem deine letzten Klassenarbeiten gründlich an. Welche Anforderungen konntest du erfüllen? An welchen musst du noch arbeiten?*

## Lernstandserhebung im Fach Deutsch

### Durchführung

Der Lernstandstest dauert voraussichtlich zwei Schulstunden (90 **Minuten**) und prüft, welche Fähigkeiten und Kompetenzen du im Fach Deutsch **langfristig** erworben hast; er testet nicht, was du in den letzten Unterrichtsstunden gelernt hast. Die Lernstandserhebung kann **benotet** werden und fließt dann auch in die **Zeugnisnote** mit ein.
Inhaltlich bewegen sich die Aufgaben der Lernstandserhebung meist im Rahmen eines vorgegebenen Themas (z. B. Wege zum Glück, Engagement für andere o. Ä.) auf Grundlage eines bestimmten Textes.

**1** *Arbeite den Text sorgfältig durch und löse anschließend die Aufgaben.*

**2** *Orientiere dich dabei an den bisherigen Prüfungen (Themen und Aufgabenbeispielen):*

- Aufgabenbeispiele der bisher durchgeführten Lernstandserhebungen findest du z.B. unter dem Stichwort: „VERA8+NRW" oder folgendem Link:
  **http://www.standardsicherung.schulministerium.nrw.de/lernstand8/testmaterialien/**
- Es werden jährlich wechselnde Teilleistungsbereiche abgeprüft, z. B. für Deutsch im Jahr 2008:
  a) Leseverstehen (vergleiche Aufgabentyp 4a/4b)
  b) Schreiben (z. B. Aufgabentyp 2 und/oder 3)
- Weitere Teilleistungsbereiche können sein:
  c) Zuhören und verarbeiten (s. Testkapitel)
  d) Texte überarbeiten (vergleiche Aufgabentyp 5)
  e) Über Sprache reflektieren (vergleiche Aufgabentyp 5)
- Achtung: Die Sprachreflexion kann auch in einem der anderen Teilbereiche integriert sein.

**3** *In diesem Trainer findest du im letzten Kapitel zu allen Teilbereichen Übungen und Tipps. Bereite dich damit gezielt auf die typischen Aufgabenformate des Lernstandstests vor, damit du in der Prüfung sofort weißt, was zu tun ist.*

### Bewertung / Selbsteinschätzung

**4** *Verschaffe dir bei deiner Lehrerin / deinem Lehrer Klarheit über die Punkteverteilung, sodass du dir deine Zeit im Test sinnvoll einteilen kannst. Damit du dein Ergebnis besser einschätzen kannst, haben wir für den Test in diesem Heft ein Punkteraster entwickelt. Du findest es auf der letzten Seite des Lösungsteils.*

*Im Lösungsheft findest du außerdem Vorschläge und Lösungen zu allen Arbeitsschritten sowie ein Beispiel für eine mustergültige Klassenarbeit bzw. Punkteraster zur Selbsteinschätzung für jeden Aufgabentyp.*

### Vorbereitung

**5** *Bereite dich rechtzeitig und gründlich vor, das gibt dir Sicherheit und sorgt in der Prüfung selbst für einen klaren Kopf. Nutze dazu alle Möglichkeiten, die dieser Trainer dir bietet, z. B. auch die **Umschlagseiten** vorn und hinten und **die Umschlagklappe** (U 2 – U 5): Sie enthalten wichtige **Regeln**, **Arbeitstechniken** sowie **Tipps und Tricks** für deinen Erfolg in allen Prüfungen.*

Viel Erfolg bei deiner Vorbereitung – und viel Glück!

# Schulprojekt „Ohne Gewalt stark“ – Einen Zeitungsbericht verfassen

Vom 25.–29. Juni fand am Bertolt-Brecht-Gymnasium in Duisburg eine Projektwoche zum Thema „Ohne Gewalt stark“ statt. **Verfasse mit Hilfe der** folgenden **Rückmeldungen**, die während und nach der Woche geäußert wurden, **einen Bericht über die Projektwoche für die Lokalzeitung.**

Kemal, 11. Klasse: Jeder konnte sich für zwei Workshops anmelden, das war gut. Und es war für jeden was dabei: z. B. Mobbing – *Wie kann ich mich ohne Gewalt wehren?, Streitschlichterausbildung, Meditativer Kampfsport, Fair streiten, Offen sein – ohne Beleidigungen, Selbstverteidigung für Mädchen.*

Anna, 9. Klasse: Ich habe mich für das Streitschlichterprogramm entschieden. Ich finde es gut, Methoden und Strategien zu kennen, um Streithähne ohne Gewalt zu versöhnen.

Felix, 8. Klasse: Die Projektwoche ist echt cool. Wir lernen 'ne Menge darüber, wie Gewalt entsteht und wie man sie vermeiden kann. Die Idee, dass jeder eine Vereinbarung unterschreiben soll und sich damit verpflichtet, bei Gewalt wie Mobbing oder Erpressung nicht wegzuschauen, sondern etwas zu unternehmen, finde ich klasse. Ich bin dabei!

Hausmeister Lehmann: Meine Güte, war das eine anstrengende Woche, ich bin kaum zur Ruhe gekommen! Gut war, dass ich die Polizisten dazu befragen konnte, wie ich vorgehen muss, wenn ich einen Einbruch in der Schule bemerke oder hier jemand unrechtmäßig parkt.

Direktor Obrist: Anlass der Projektwoche vom 25.–29. Juni war eine Prügelei auf dem Schulhof im Frühsommer, bei der ein Schüler eine gebrochene Nase zurückbehielt. Bei Gesprächen mit Kollegen und Schülern stellte sich heraus, dass weitere verbale und körperliche Gewaltübergriffe auf dem Schulgelände nach wie vor an der Tagesordnung sind. Gemeinsam wollten wir etwas unternehmen. Die Präsentation der Ergebnisse soll auf dem Schulfest vor den Sommerferien, am 20. Juli, in unserer Aula stattfinden.

Polizist Eschbach: Die Schülerinnen und Schüler am Bertolt-Brecht-Gymnasium in Duisburg waren sehr motiviert und interessiert an der Thematik. Viele sind selbst bereits Opfer von Gewalt geworden, angefangen von Beschimpfungen über Ohrfeigen bis hin zu Prügeleien. Unser Ziel war es, gemeinsam mit den Schülerinnen und Schülern die Gewalt an ihrer Schule zu verhindern oder zumindest zu vermindern. Die Vereinbarung zur Gewaltverhinderung, die übrigens eine Idee der Schüler war, haben gestern alle unterschrieben. Meine Hochachtung.

Lehrerin Frau Nölle: Ich bin richtig überrascht, wie engagiert unsere Schüler während der Projektwoche sind. Obwohl sie von 8.00–12.30 Uhr in verschiedenen Workshops mitarbeiten, finden viele nachmittags noch Zeit, verschiedene Veranstaltungen und Vorträge zum Thema „Gewalt“ zu besuchen. Allerdings hätte ich mich auch gefreut, wenn die Projektwoche zum Thema „Bücher der Welt“ stattgefunden hätte. Na ja, vielleicht im nächsten Jahr.

## A Die Aufgabe verstehen

**1** *Kreuze an. Du sollst …*

a) ☐ … über „Gewalt in der Schule“ berichten.

b) ☐ … ein vergangenes Ereignis ausführlich nacherzählen.

c) ☐ … die Kommentare zusammenfassen.

d) ☐ … die Kommentare als Basis für einen Bericht verwenden.

## B Stoff sammeln

### Vorwissen aktivieren

**1** *Welche Aufgabe hat dieser Bericht? Kreuze die richtige Antwort an. Dein Bericht soll …*

a) ☐ … für die Veranstaltung werben.
b) ☐ … Fakten und Hintergründe erörtern.
c) ☐ … über das Ereignis informieren.
d) ☐ … die Veranstaltung beschreiben.

**2** *Welche W-Fragen solltest du beantworten, wenn du über ein Ereignis wie dieses berichtest? Notiere sie hier:*

Wer?, … ____________________________________________

**3** *Lies nun die einzelnen Kommentare zur Projektwoche „Ohne Gewalt stark" aufmerksam durch. Welcher Kommentar ist für den Bericht über das Ereignis nicht brauchbar? Begründe.*

Die Äußerung von ____________________ ist nicht brauchbar, weil ____________________

____________________________________________.

**4** *Unterstreiche die Informationen aus den übrigen Kommentaren, die deiner Meinung nach in den Bericht gehören. Notiere am Rand die Frage aus Aufgabe 2, die jeweils beantwortet wird. Nutze gegebenenfalls verschiedene Farben.*

## C Übungen

### Die Textsorte beachten

**1** *Was weißt du über Berichte? Ordne zu: Welche der folgenden Aussagen bezieht sich auf einen Bericht über ein Ereignis, welche auf einen Bericht über Hintergründe? Kreuze an. Die Umschlagseite vorn (U 2) hilft dir.*

| | Hintergrund | Ereignis |
|---|---|---|
| a) Im Präteritum wird über etwas Vergangenes berichtet. | ☐ | ☐ |
| b) Es geht um Fakten und Daten, daher wird Präsens benutzt. | ☐ | ☐ |
| c) Ablauf, Ursachen und Folgen werden im Bericht genannt. | ☐ | ☐ |
| d) Zusammenhänge rund um ein Thema sind hier wesentlich. | ☐ | ☐ |

**2** *Streiche durch, was zu deinem Bericht nicht passt.*

sachliche Informationen – wertende Beschreibungen – spannender Höhepunkt – geordnete Reihenfolge – Vermutungen – ausschmückende Adjektive – wichtige Fakten und Personen – persönliche Kommentare

**3** *a) Lies den folgenden Anfang eines Berichts. Überarbeite ihn, indem du Überflüssiges streichst.*
*b) Markiere die Stellen, die du verändern möchtest und schreibe eine überarbeitete Version ins Heft. Denke dabei auch an die Überschrift.*

VORSICHT FEHLER!

<u>Projektwoche am Bertolt-Brecht-Gymnasium</u>
Die fleißigen Lehrer und Schüler des Bertolt-Brecht-Gymnasiums führten (wie von der Mehrheit der Lehrerkonferenz am 04.09.2006 beschlossen) in der Woche vom 25.–29.6.2007 eine ziemlich coole Projektwoche zu dem aktuellen Thema „Ohne Gewalt stark" durch. Der Gegenvorschlag, eine Projektwoche zum Thema „Bücher der Welt", wurde leider niedergeschlagen. Man durfte zwischen echt attraktiven Workshops wie z.B. „Mobbing" oder „Selbstverteidigung für Mädchen" wählen, ich auch gerne genommen hätte, aber ich war bereits für die Streitschlichterausbildung angemeldet. Die Workshops fanden übrigens von 8.00–12.30 Uhr statt.

## Auf das Tempus achten

**4** *a) Verbinde die Sätze durch Linien miteinander, die inhaltlich zusammengehören.*
*b) Setze mit Hilfe des Tipps die richtige Zeit ein. Notiere die vollständigen Sätze in deinem Heft.*

Anna **konnte** Streit besser schlichten, **nachdem** sie den Workshop besucht hatte.

**TIPP**
Vergangene Ereignisse stehen oft im **Präteritum,** ein davor liegendes Geschehen im Plusquamperfekt.

| | | |
|---|---|---|
| (1) Das Bertolt-Brecht-Gymnasium führt eine Projektwoche zum Thema „Ohne Gewalt stark“ durch. | | a) Viele Kursteilnehmer arbeiten konzentriert und leisten Beachtliches. |
| (2) Die Polizei freut sich über die Motivation der Schülerinnen und Schüler. | **nachdem** | b) Es waren zuvor auf dem Schulgelände gehäuft Gewalttaten aufgetreten. |
| (3) Die Schülerinnen und Schüler wählten zunächst ihre Kurse. | | c) Sie veranstaltete zuvor nur einen Workshop an einer Schule der Region. |

## Wörtliche Rede wiedergeben

**5** *In Berichten wird nur selten direkte Rede zitiert. Formuliere die folgenden Aussagen in indirekte Rede um. Benutze dabei die korrekten Konjunktiv-Formen, wie im folgenden Beispiel.*

Direktor: „Dieses Thema ist **mir** wichtig.“ → Er betonte, dass **ihm** das Thema wichtig sei. (Konj. I)
Sina: „**Wir** alle haben viel dazu gelernt.“ → Sie fand, dass **sie** alle viel dazu gelernt hätten. (Konj. II)

a) Lennart: „Als Klassensprecher werde ich ab jetzt eingreifen, wenn ich Mobbing bemerke.“

________________________________________

________________________________________

b) Herr Munter: „Es hat mich gefreut, dass alle Beteiligten mit Feuereifer bei der Sache waren.“

________________________________________

________________________________________

**6** *Formuliere folgende Zitate in deinem Heft um, indem du dich vom Wortlaut löst und sie sinngemäß wiedergibst.*

Simon staunt: „Ich wusste gar nicht, dass es so viele unterschiedliche Arten von Gewalt gibt.“

z. B. Simon war erstaunt darüber, wie viele Formen Gewalt annehmen kann.

a) Martin: „Ich bin mal erpresst worden und hab mich nicht getraut, etwas zu sagen. Heute würde ich um Hilfe bitten.“

b) Pauline meint: „Es sollte an jeder Schule eine Projektwoche zum Thema ‚Gewalt‘ geben!“

## D Den Schreibplan erstellen

**1** *a) Welche W-Fragen sollten in der Einleitung, im Hauptteil oder am Schluss beantwortet werden? Ordne die Fragen an geeigneter Stelle in der Tabelle ein (mittlere Spalte).*

Wer war beteiligt? – Wie geschah es? – Wann geschah es? – Warum geschah es? – Wo geschah es? Was ist geschehen? – Welche Folgen hatte das Geschehen?

| Gliederung | W-Fragen | Antworten |
|---|---|---|
| Einleitung | ______________ | ______________ |
| | ______________ | ______________ |
| | ______________ | ______________ |
| | ______________ | ______________ |
| Hauptteil | ______________ | ______________ |
| Schluss | ______________ | ______________ |
| | ______________ | ______________ |

*b) Ergänze stichpunktartig die Antworten. Nutze dazu deine Randnotizen und Markierungen.*

**2** *Formuliere nun deine Ergebnisse zu einem Zeitungsbericht um. Vergiss die Überschrift nicht!*

## E Den eigenen Text überarbeiten

**1** *Lies den folgenden Entwurf für einen Bericht. Markiere sprachliche Mängel und Auffälligkeiten.*

VORSICHT FEHLER!

„Ohne Gewalt stark“ – eine Projektwoche am Bertolt-Brecht-Gymnasium
Die Lehrer und Schüler des Bertolt-Brecht-Gymnasiums führten in der Woche vom 25.-29.6.2007 eine Projektwoche zu dem topaktuellen Thema „Ohne Gewalt stark“ durch. Die Schülerinnen und Schüler durften zwischen spannenden Workshops wie z. B. „Mobbing“ oder „Selbstverteidigung für Mädchen“ wählen. „Die Schülerinnen und Schüler waren hoch motiviert und opferten sogar ihre Nachmittage für Veranstaltungen“, sagte eine Lehrerin. „Die Schülerinnen und Schüler sind oft bereits selbst Opfer von Gewalt gewesen“, sagte der Direktor als Begründung für das Projekt.

**2** *Überarbeite den Text in deinem Heft: Stelle Sätze um oder formuliere sie mit Hilfe von Konjunktionen neu (z. B. während, ebenfalls, nachdem, weil …). Achte auch auf Tempuswahl und Art der Redewiedergabe.*

**3** *Prüfe mit Hilfe der folgenden Checkliste, welche Aspekte deines eigenen Textes du überarbeiten solltest.*

### ☑ Checkliste Ereignisbericht

**Hast du ...**

- ☐ ... eine sinnvolle Überschrift gewählt?
- ☐ ... Präteritum bzw. Plusquamperfekt benutzt?
- ☐ ... wertende Kommentare vermieden?
- ☐ ... überflüssige Informationen gestrichen?
- ☐ ... Zitate durch indirekte Rede oder sinngemäß wiedergegeben?
- ☐ ... im Bericht alle W-Fragen beantwortet?
- ☐ ... einen abwechslungsreichen Satzbau verwendet?
- ☐ ... Rechtschreibung und Zeichensetzung überprüft?

SCHREIBEN

# UNICEF – Einen Hintergrundbericht für ein Portfolio verfassen

Verfasse auf der Grundlage des Textes einen Hintergrundbericht über die UNICEF für ein Portfolio zum Thema „Hilfsorganisationen“.

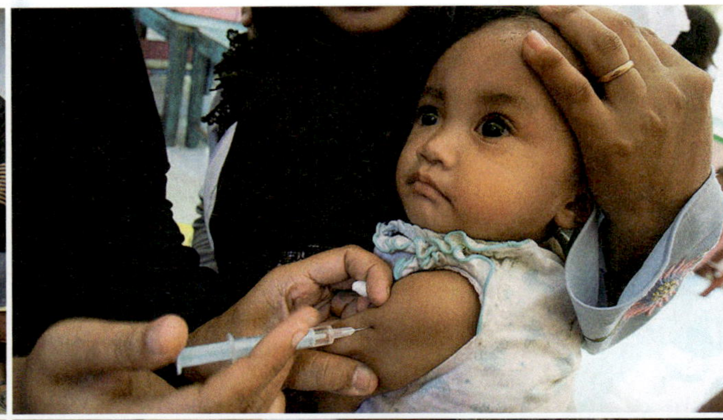

Zielgruppe: Kinder in ...
Aufgaben:
1.
2.
...

## UNICEF (= United Nations International Children's Emergency Fund)

UNICEF, das Kinderhilfswerk der Vereinten Nationen, hilft Kindern in den Entwicklungsländern und Krisengebieten. UNICEF sorgt dafür, dass Kinder in die Schule gehen können, medizinisch betreut werden, sauberes Trinkwasser erhalten sowie eine ausreichende Ernährung. UNICEF setzt sich weltweit ein, um Kinder vor Ausbeutung und Missbrauch zu schützen.
UNICEF ist die einzige UN-Organisation, in der die Bevölkerung aktiv mitarbeiten kann: durch ehrenamtliche Tätigkeit in den Arbeitsgruppen, durch Informations- und Öffentlichkeitsarbeit und den Verkauf der UNICEF-Grußkarten.
UNICEF versteht sich als Anwalt der Kinder dieser Welt und arbeitet dafür, dass ihre Rechte in allen Ländern der Erde verwirklicht werden.

### Kinderrechte sind Menschenrechte

Kinder haben Rechte! Das Recht auf Überleben zum Beispiel, auf eine Schulbildung, aber auch auf Schutz vor Missbrauch und Gewalt. Wer würde daran zweifeln? Doch für Millionen Kinder ist es bis zur Verwirklichung selbst ihrer wichtigsten Rechte noch ein weiter Weg. Kinder, die kaum genug zu essen haben, die schwer arbeiten müssen oder auf der Flucht vor Kriegen sind – sie alle können von Kinderrechten nur träumen. UNICEF setzt sich weltweit dafür ein, dass die Rechte der Kinder ernst genommen werden – und dass sie bekannter werden.

**Bildung für alle Kinder**

Jedes sechste Kind im Grundschulalter geht nicht zur Schule – das sind weltweit 121 Millionen. In vielen Ländern sind noch immer vor allem die Mädchen von Bildung ausgeschlossen. UNICEF stattet Dorfschulen aus, bildet Lehrer aus und versorgt die Schüler mit Büchern, Heften und Stiften. Arbeitende Kinder erhalten Angebote, damit sie lernen können, wenn sie Zeit haben.

**Gesundheit: Kinderleben retten**

Jedes Jahr sterben noch immer fast elf Millionen Kinder vor ihrem fünften Geburtstag. Mit Impfkampagnen und preiswerten Medikamenten schützt UNICEF Kinder vor Infektionen und gefährlichen Durchfallerkrankungen. UNICEF richtet Gesundheitszentren ein, bildet Helfer aus und versorgt sie mit Geräten und Material. Erfolge sind möglich: So hat sich die Kindersterblichkeit in den letzten 30 Jahren halbiert.

**Überleben sichern**

Die meisten Kinder in den Entwicklungsländern sterben an Krankheiten, gegen die es heute einen preiswerten Impfschutz gibt oder die gut zu behandeln sind. UNICEF will deshalb alle Kinder vor den sechs gefährlichsten Infektionskrankheiten schützen: Polio, Diphtherie, Keuchhusten, Masern, Tetanus und Tuberkulose.

UNICEF kauft die Impfstoffe ein – 40 Prozent des weltweiten Bedarfs für Kinder werden von UNICEF beschafft. UNICEF stellt Kühlboxen für den Transport bereit. Helfer versorgen Kinder auch in abgelegenen Dörfern – mitunter zu Fuß, per Pferd oder Kanu. Die großen Impfkampagnen erreichen innerhalb weniger Tage Millionen Kinder. Tausende Freiwillige helfen mit. UNICEF geht davon aus, dass durch Impfungen jährlich weltweit 2,5 Millionen Kinder gerettet werden.

**Wasser – Quelle des Lebens**

Verunreinigtes Wasser und mangelnde Hygiene zählen zu den Hauptursachen für die in vielen Ländern sehr hohe Kindersterblichkeit. Wo sauberes Wasser und sanitäre Einrichtungen fehlen, verbreiten sich Krankheitserreger und Parasiten besonders schnell. Ein Viertel der Todesfälle bei Kindern unter fünf Jahren geht auf diese Krankheiten zurück. Schätzungen zufolge sterben jährlich rund zwei Millionen Kinder an Durchfallerkrankungen – 5000 jeden Tag.

**Was tut UNICEF?**

1) Zugang zu sauberem Trinkwasser:
   UNICEF fördert den Bau von Brunnen, Leitungen und Wasserreservoirs. Dabei greift UNICEF auf einfache Mittel zurück. Brunnen werden mit leicht zu wartenden Handpumpen ausgestattet.
2) Hygienische Basisausstattung:
   UNICEF unterstützt den Bau einfacher Latrinen und öffentlicher Toiletten ebenso wie die Einrichtung von Abwassersystemen und die regelmäßige Müllbeseitigung.
3) Beteiligung:
   UNICEF legt besonderen Wert darauf, die Bevölkerung vor Ort am Bau und an der Wartung der Brunnen und Wasserleitungen zu beteiligen, sodass die Menschen die Anlagen auch selbst reparieren können.

**Kampf gegen Mangelernährung**

In den Entwicklungsländern leidet heute ein Viertel der Kinder unter fünf Jahren an mangelhafter Ernährung – etwa 150 Millionen. UNICEF versorgt in Krisengebieten Kinder mit hoch proteinhaltigen Keksen und nährstoffreicher Zusatznahrung und bildet Helfer aus, die das Gewicht der Kinder regelmäßig kontrollieren.

## A Die Aufgabe verstehen

**1** *Welche Arbeitsschritte sind zur Lösung der Aufgabe sinnvoll, welche nicht? Kreuze an.*

| Du musst ... | sinnvoll | unsinnig |
|---|---|---|
| a) ... den Text schnell lesen und dann spontan darüber schreiben. | ☐ | ☐ |
| b) ... dir dein Vorwissen über Hilfsorganisationen in Erinnerung rufen. | ☐ | ☐ |
| c) ... Informationen über UNICEF aus dem Text herausarbeiten. | ☐ | ☐ |
| d) ... Argumente für die Mitarbeit bei UNICEF erfinden. | ☐ | ☐ |
| e) ... dich auf die wesentlichen Informationen beschränken. | ☐ | ☐ |
| f) ... verschiedene Tätigkeiten von UNICEF vergleichen und bewerten. | ☐ | ☐ |
| g) ... dich beim Schreiben an Stil und Aufbau der Vorlage halten. | ☐ | ☐ |
| h) ... sachlich, verständlich und prägnant schreiben. | ☐ | ☐ |
| i) ... dir selbst eine schlüssige Gliederung für deinen Bericht überlegen. | ☐ | ☐ |
| j) ... Informationen zusammenfassen und Oberbegriffen zuordnen. | ☐ | ☐ |

## B Erstes Textverständnis – Materialien sichten

### Vorwissen aktivieren

**1** *Was weißt du bereits über Hilfsorganisationen? Notiere dir auf einem DIN-A4-Zettel Begriffe, die dir auf Anhieb zu dem Thema einfallen, oder auch Fragen, die dich interessieren.*

**2** *Waren die beiden folgenden Fragen dabei? Überfliege den Text zügig und beantworte sie knapp.*

a) Wer oder was *ist* UNICEF?

UNICEF ist ______________________________

b) Was *tut* UNICEF? Nenne drei wichtige Tätigkeitsfelder:

______________________________

______________________________

**3** *Was möchtest du außerdem genauer wissen? Notiere hier die Fragen, die sich dir nach dem ersten Lesen stellen. Diese Fragen leiten dich beim zweiten, gründlicheren Lesen:*

______________________________

______________________________

______________________________

______________________________

______________________________

______________________________

## Das Richtige auswählen – Unwichtiges weglassen

**4** *Oft enthalten Texte Informationen, die du für deine Fragestellung oder deine Zielgruppe nicht brauchst. Hier musst du also* ***das Brauchbare vom Unbrauchbaren unterscheiden.*** *Lies in der Aufgabe nach, worum es in deinem Bericht gehen soll. Kreuze an: Dein Bericht soll …*

a) ☐ ... die Notwendigkeit von Hilfsorganisationen darstellen.
b) ☐ ... über Probleme informieren, die UNICEF bekämpft.
c) ☐ ... über die Hilfsorganisation UNICEF informieren.
d) ☐ ... nur eine der Aufgaben darstellen, die UNICEF übernimmt.

**5** *a) Streiche in dem Abschnitt* ***Kinderrechte sind Menschenrechte*** *(Z. 11–17) die Passagen, die nicht unmittelbar zu deiner Aufgabenstellung gehören.*
*b) Prüfe im ganzen Text, welche Informationen für deine Aufgabenstellung nicht wichtig sind. Streiche sie so durch, dass du sie noch lesen kannst.*

**Material auswerten**
Überlege dir für jede neue Information, ob du sie *wirklich für deine Aufgabenstellung brauchst.* Streiche mit Bleistift durch, was du nicht brauchst. Achte darauf, dass es lesbar bleibt.

## Sparsam markieren – Schlüsselbegriffe notieren

**6** *Markiere zur Übung im folgenden Textabschnitt Schlüsselbegriffe und wichtige Aussagen. Orientiere dich am ersten Abschnitt auf Seite 10, damit deine Markierungen wirklich eine* ***Hilfe*** *für die weitere Arbeit sind.*

**Markiere**
- ☐ sparsam und eindeutig.
- ☐ Zusammenhänge durch Pfeile oder Symbole.
- ☐ jedes Thema mit einer Farbe.

**7** *Notiere am Rand einen treffenden Begriff oder ein kurzes Stichwort, mit dem der Abschnitt zusammengefasst werden kann. Orientiere dich auch hier am Beispiel auf Seite 10.*

**Gesundheit: Kinderleben retten**

Jedes Jahr sterben noch immer fast elf Millionen Kinder vor ihrem fünften Geburtstag. Mit Impfkampagnen und preiswerten Medikamenten schützt UNICEF Kinder vor Infektionen und gefährlichen Durchfallerkrankungen. UNICEF richtet Gesundheitszentren ein, bildet Helfer aus und versorgt sie mit Geräten und Material. Erfolge sind möglich: So hat sich die Kindersterblichkeit in den letzten 30 Jahren halbiert. [...]

**Überleben sichern**

Die meisten Kinder in den Entwicklungsländern sterben an Krankheiten, gegen die es heute einen preiswerten Impfschutz gibt oder die gut zu behandeln sind. UNICEF will deshalb alle Kinder vor den sechs gefährlichsten Infektionskrankheiten schützen: [...]

**8** *Wenn du die beiden Abschnitte mit Hilfe deiner Markierungen und Notizen in zwei kurzen Sätzen mündlich wiedergeben kannst, hast du dich auf das Nötigste beschränkt. Versuche es!*

**9** *Setze dieses Verfahren für diejenigen Textpassagen fort, die für deine Aufgabe wichtig sind.*

## Stoff sammeln – Informationen ordnen

**10** *Dein Bericht sollte eine eigene, sinnvolle Gliederung haben. Markiere dazu Informationen, die einem Themenkomplex zugeordnet werden können, z. B. durch Umkreisen (vgl. das Thema „Schule“ auf Seite 10).*

**11** *Finde jeweils einen passenden Oberbegriff für diese Themen und notiere die zugehörigen Zeilenangaben in Klammern, damit du die Stellen leichter zusammenfassen kannst. Lege mit den Begriffen auf einem neuen DIN-A4-Blatt nach dem folgenden Muster eine Mind-Map an.*

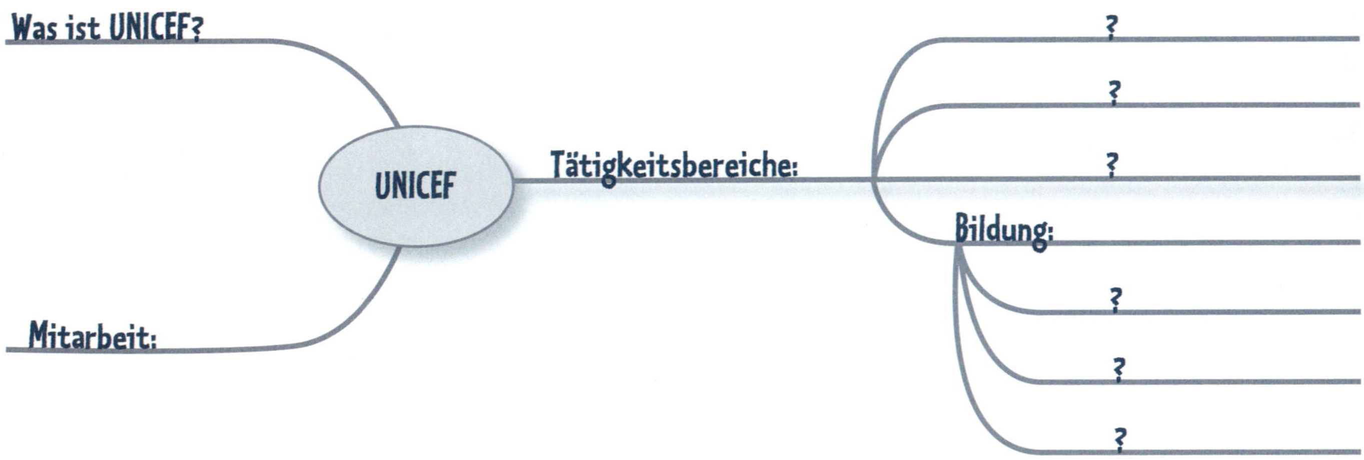


# C Übungen

**1** *Ein guter **Einstieg** ist nicht ganz leicht. Lies die beiden folgenden Einleitungen und bewerte sie. Bedenke dabei, für welchen Zweck du den Hintergrundbericht verfassen sollst.*

(A) Letzte Woche stand ein schockierender Bericht über das jüngste Erdbeben in der Zeitung. Das zeigt mal wieder, wie wichtig Hilfsorganisationen sind. UNICEF kümmert sich vor allem um Kinder. Und die sind ja von Katastrophen immer besonders betroffen. ...

(B) Hilfsorganisationen helfen Menschen, Tieren oder der Natur in Notsituationen. UNICEF ist die Kinderhilfsorganisation der Vereinten Nationen. Sie kümmert sich um Kinder, die in Not geraten sind, besonders in Krisengebieten und in Entwicklungsländern. ...

Ich finde Einleitung ◯ besser, weil ______________________________

______________________________

Einleitung ◯ dagegen finde ich nicht geeignet, weil ______________________________

______________________________

## Auf Sprache, Zeitform und Stil achten

**2** *Welche der folgenden Aussagen ist eindeutig falsch? Ein Hintergrundbericht …*

a) ☐ ... sollte sachlich, verständlich, prägnant und so kurz wie möglich sein.
b) ☐ ... stellt zentrale Punkte eines Themas zusammenhängend im Präsens dar.
c) ☐ ... berichtet im Präteritum über ein Geschehen in logischer Reihenfolge.
d) ☐ ... darf keinerlei persönliche Meinungsäußerung des Verfassers enthalten.

**3** *a) Markiere Formulierungen, die sich für den Hintergrundbericht über UNICEF eignen.*
*b) Streiche die Formulierungen, die eher in einen Bericht über ein besonderes Ereignis passen.*

in letzter Sekunde passierte – meiner Ansicht nach – eine weitere Aufgabe besteht darin – in der Zwischenzeit wurde – kümmert sich nicht nur ..., sondern auch ... – setzte sich bis zur letzten Sekunde dafür ein – engagiert sich darüber hinaus – zum Schluss passierte es – wer zuletzt lacht, lacht am besten – setzt sich ein für – Ziel muss es weiterhin sein, ...

**4** *Je länger der Text wird, desto wichtiger sind* ***orientierende Passagen****. Sie kündigen wie Zwischenüberschriften neue Themen an und geben dem Leser einen Überblick über den folgenden Sinnabschnitt. Im folgenden Text kommt eine solche Passage vor; markiere sie.*

UNICEF ist die Kinderhilfsorganisation der Vereinten Nationen. Sie kümmert sich um Kinder, die in Not geraten sind, besonders in Krisengebieten und in Entwicklungsländern. Insgesamt ist UNICEF in vielen verschiedenen Tätigkeitsfeldern aktiv. Die wichtigsten werden im Folgenden genannt: Die Organisation fördert (Schul-)Bildung, indem sie z. B. Dorfschulen mit Material ausstattet und die Lehrer ausbildet. Außerdem bekämpft UNICEF die schlechte Versorgung mit Lebensmitteln und Trinkwasser. ...

## D Den Schreibplan erstellen

**1** *Nutze die erarbeitete Mind-Map als* ***Gliederung*** *für deinen Hintergrundbericht. Überlege dir, welche Reihenfolge der Themen sinnvoll/leserfreundlich ist. Nummeriere die Themen in der Mind-Map entsprechend und nutze sie als Zwischenüberschriften.*

**2** *Verfasse nun mit Hilfe der geleisteten Vorarbeiten deinen Hintergrundbericht.*

### Themen anordnen

- ☐ vom Bekannten zum Unbekannten
- ☐ vom Überblick zu den Einzelheiten
- ☐ von Besonderheiten zum Generellen
- ☐ von Hauptaufgaben zu Nebenaufgaben
- ☐ von Zielen zu konkreten Maßnahmen

... oder jeweils umgekehrt

**3** *Überlege dir einen Schlusssatz, der sich aus deinem Bericht sinnvoll ergibt. Was darfst du allerdings auf keinen Fall bei einem Bericht tun? Streiche die Aussage durch. Du kannst ...*

a) ... eine Kontaktadresse oder einen Ansprechpartner der Organisation angeben.

b) ... gegebenenfalls auf Veranstaltungen oder Aktionen (z. B. Weltkindertag) hinweisen.

c) ... als Höhepunkt einen ganz neuen Aspekt der Arbeit von UNICEF einbringen.

d) ... die wichtigsten Aspekte in einem prägnanten Schlusssatz zusammenfassen.

## E Den eigenen Text überarbeiten

**1** *Lies deinen Text am Ende sorgfältig durch und prüfe ihn mit Hilfe der folgenden Checkliste.*

### ☑ Checkliste Hintergrundbericht

**Hast du ...**

- ☐ ... alle Markierungen ausgewertet?
- ☐ ... alle Randnotizen berücksichtigt?
- ☐ ... weggelassen, was nicht zur Aufgabenstellung gehört?
- ☐ ... Zwischenüberschriften aus der Mind-Map im Bericht wiederverwendet?
- ☐ ... pro Abschnitt ein Thema dargestellt?
- ☐ ... die Themen sinnvoll geordnet?
- ☐ ... einzelne Abschnitte sinnvoll und leserfreundlich miteinander verknüpft?
- ☐ ... sachlich, prägnant und verständlich geschrieben?
- ☐ ... durchgehend das Präsens verwendet?

# Ökomilch und Vollkornbrot: Schulspeisung für alle? – Einen Leserbrief für die Schülerzeitung verfassen

Die Schülervertretung hat eine Diskussion angestoßen, ob zukünftig für alle Schülerinnen und Schüler ein gemeinsames Frühstück ausgegeben werden soll. Neben Milch oder Kakao sollen verschieden belegte Vollkornbrote, Obst und Rohkost angeboten werden. Andere Nahrungsmittel oder Getränke soll es in Zukunft am Kiosk nicht mehr geben. In der Schülerzeitung finden sich zwei Artikel mit unterschiedlichen Meinungen zum Thema.

**Verfasse einen Leserbrief für die Schülerzeitung, in dem du ausgehend von den beiden Artikeln deine Meinung zum Thema „Schulspeisung für alle?" begründet darlegst.**

M1

## KONTRA

Um Missverständnissen vorzubeugen: Ich bin bestimmt kein Gegner gesunder Ernährung, noch bin ich ein Freund von Fastfood. Aber ich bin dagegen, dass wir alle an unserer Schule jeden Morgen dasselbe essen. Da geht doch jede Individualität verloren! Ich finde es gut, wenn der eine seine Milchschnitte verspeist und der andere Vollkornbrot mit kalorienarmem Käse isst und ein Dritter herzhaft in seinen Apfel beißen darf. Das ist Vielfalt und Entscheidungsfreiheit! Hat denn schon mal jemand an diejenigen gedacht, die bestimmte Dinge nicht essen wollen oder können? Man kann ja wohl niemanden zwingen, ein Essen zu bezahlen, das er nicht essen will oder darf.

Ich bin schon dafür, dass man das Bewusstsein für eine gesunde Ernährung schärft, z. B. durch entsprechende Informationen im Biologie-Unterricht. Essenszwang ist da keine Lösung, zudem dieser Zwang unterlaufen wird, wie ein Beispiel aus England zeigt, wo offenbar sehr viele Kinder Übergewicht haben. Dort hat sich ein berühmter Starkoch – unterstützt von der Regierung – in die Schulküche gestellt und „gesund" gekocht, was aber den meisten nicht geschmeckt hat: Sie wollten weiter Fish and Chips essen, ganz gleich wie fettig die sind, statt gesunden Broccoli. Die Schüler haben das Schulgelände verlassen und sind zur Pommesbude gerannt; sogar die Eltern haben rebelliert und ihren Kids heimlich Süßigkeiten mitgegeben.

Darüber hinaus wäre der organisatorische Aufwand einer einheitlichen und flächendeckenden Schulspeisung enorm: Man müsste von allen das Geld eintreiben, allen Schülerinnen und Schülern gleichzeitig Pausenbrote, Getränke und Obst austeilen. Da würde die große Pause schnell zur sehr großen Pause anwachsen. Und was ist eigentlich mit denen, die zu Hause ordentlich gefrühstückt haben? Müssen sie dann einheitlich mit allen essen?

Letztlich, muss man sagen, sind die Eltern für das leibliche Wohl ihrer Kinder verantwortlich – also auch für die Ernährung. Die Schule kann und soll sich da nicht einmischen, schon gar nicht mit einem „Zwangsessen für alle"!

(Sebastian, Klasse 8 b)

**M2**

**PRO**

Die SV setzt sich dafür ein, dass alle Schülerinnen und Schüler morgens in der ersten großen Pause ein einheitliches und gesundes (!) Frühstück erhalten. Was soll dieser Vorschlag? Die allgemeine Situation ist hinlänglich bekannt: Die einen kommen ohne Frühstück zur Schule, weil ihre Eltern es einfach nicht schaffen, regelmäßig morgens Brote für die Pause zu schmieren, oder weil sie selbst morgens zu spät aufstehen, um richtig zu frühstücken. Die anderen bekommen jeden Morgen Geld für den Kiosk. Der Hausmeister verkauft zwar Sachen, die den meisten Kindern schmecken (z. B. Schokoriegel), die aber höchst ungesund sind. Wieder andere essen vor dem Mittag gar nichts und dies ist nicht gerade förderlich für die Aufmerksamkeit. Außerdem gibt es noch Kinder, die von anderen gehänselt werden, wenn sie ihr selbst gebackenes Vollkornbrot mit vegetarischem Brotaufstrich auspacken.

Ernährungswissenschaftler haben herausgefunden, dass die meisten Kinder und Jugendlichen sich grundsätzlich falsch ernähren: Sie essen viel zu viel Zucker und Fett und viel zu wenig Kohlenhydrate und Ballaststoffe, wie sie zum Beispiel in Vollkornprodukten oder Obst enthalten sind. Die Ernährung hat jedoch einen enormen Einfluss auf das Wachstum und auf die Leistungsfähigkeit. Man muss sich nicht wundern, wenn manche in der fünften oder sechsten Stunde durchhängen, weil sie einfach keine Energie mehr haben. Hinzu kommt die allgemeine Bewegungsarmut, die einen zusätzlichen Risikofaktor für die Gesundheit Jugendlicher darstellt. Außer Schulsport findet da kaum etwas statt. Süßigkeiten, Chips und Cola vor dem Fernseher oder Computer in sich hineinzustopfen, ist nicht gerade gesund.

Schon jetzt ist in Europa Übergewicht ein enormes Problem, z. B. in Großbritannien, wo ein hoher Militäroffizier sagte: „Zwei Drittel der 16-Jährigen sind so schwer, dass wir sie nicht mehr zum Militär einziehen können.“ Dies zeigt die Dimension des Problems.

Eltern kümmern sich häufig zu wenig um die Ernährung, obwohl sie für das Wohl ihrer Kinder zuständig sind, und der Nachwuchs überblickt die Tragweite der eigenen Essensentscheidungen meist nicht. Außerdem macht gemeinsames Frühstücken auch Spaß und stärkt den sozialen Zusammenhalt in der Klasse und in der Schule insgesamt.

Es gibt also, wie ihr seht, eine Menge guter Gründe, dem SV-Vorschlag zuzustimmen!

(Verena, Jahrgangsstufe 11)

## A Die Aufgabe verstehen

**1** *Kreuze an, ob die Aussagen zutreffend sind oder nicht.*

| Du sollst ... | richtig | falsch |
|---|---|---|
| a) ... dich mit den Argumenten auseinandersetzen und eine eigene Meinung entwickeln. | ☐ | ☐ |
| b) ... einen Sachtext zum Thema verfassen, ohne dabei deine eigene Meinung zu sagen. | ☐ | ☐ |
| c) ... die Position vertreten, dass ein gemeinsames Schulfrühstück zu einer gesunden Ernährung beiträgt. | ☐ | ☐ |
| d) ... einen Leserbrief für die Lokalzeitung verfassen. | ☐ | ☐ |
| e) ... dich auf das Wesentliche konzentrieren und auf Gegenargumente nicht eingehen. | ☐ | ☐ |
| f) ... Gegenargumente entkräften, um deinen Argumenten größeres Gewicht zu verleihen. | ☐ | ☐ |
| g) ... eine dem Adressatenkreis (Schülerschaft) angemessene Sprache verwenden. | ☐ | ☐ |
| h) ... dich vor dem Schreiben über die Sachlage und die Argumente informieren. | ☐ | ☐ |

**2** *Kreuze die richtigen Aussagen an. In einem Leserbrief sind folgende Punkte zu beachten:*

a) ☐ Der Adressatenbezug
b) ☐ Die eigene Meinung
c) ☐ Ein Witz am Anfang
d) ☐ Die persönliche Anrede mit *Sie*
e) ☐ Der Bezug auf die Artikel
f) ☐ Eine metaphernreiche Sprache
g) ☐ Die Unterschrift am Ende
h) ☐ Erlebnisse aus der Kindheit

## B Ideen entwickeln – Stoff sammeln

### Die eigene Meinung formulieren

**1** *Wenn du schon eine eigene Meinung zum Thema „Schulspeisung für alle?“ hast, entscheide dich für eine Position und formuliere sie als Forderung.*

Ich bin der Meinung, dass ... ______________________________

______________________________

### Argumente erkennen, sortieren und ergänzen

**2** *Argumente bestehen aus einer Behauptung und einer Aussage (Fakten, Beispiele, Zitate usw.), die die Behauptung belegt.*
*a) Unterstreiche in beiden Texten die wesentlichen Argumente (d. h. Behauptung und Beleg).*
*b) Trage die Argumente stichwortartig in die Tabelle ein und gib an, wo sie im Text belegt sind.*

| **KONTRA-Argumente** | **Belegstelle** (Zeilenangabe) |
|---|---|
| | |
| | |
| | |
| | |

| **PRO-Argumente** | **Belegstelle** (Zeilenangabe) |
|---|---|
| | |
| | |
| | |
| | |

**3** *Kreuze nun je zwei Pro- und Kontra-Argumente an, die dir besonders überzeugend erscheinen.*

**4** *Ergänze in der Tabelle eigene Argumente, die dir einfallen.*

# C Übungen zum Argumentieren

## Auf die Folgen einer Entscheidung aufmerksam machen

**1** *Konsequenzen werden selten bedacht. Oft sind sie schlagende Argumente. Formuliere daher mögliche Folgen einer Entscheidung für die allgemeine Schulspeisung. Ergänze:*

Wenn die morgendliche Schulspeisung verpflichtend wird, ist ...

a) ... zu befürchten, dass ______________________________

b) ... zu hoffen, dass ______________________________

## Argumente und Gegenargumente erkennen

**2** *Eine Argumentation ist schwerer angreifbar, wenn mögliche Gegenargumente schon bedacht worden sind. Verbinde durch Linien jeweils zwei Argumente, die sich aufeinander beziehen lassen.*

| KONTRA-Argumente | PRO-Argumente |
|---|---|
| Die Individualität geht verloren, wenn alle dasselbe essen müssen. | Die Schule ist auch für die gesunde Ernährung der Schülerinnen und Schüler verantwortlich. |
| Die Schule soll die Schülerinnen und Schüler zur Selbstständigkeit erziehen. | Viele Eltern kümmern sich zu wenig um die Ernährung ihrer Kinder. |
| Die Eltern sind für die Erziehung ihrer Kinder verantwortlich, also auch für deren Ernährung. | Eine gemeinsame Schulspeisung stärkt das Gemeinschaftsgefühl. |

**3** *Verknüpfe die Sätze aus Aufgabe 2 zu sinnvollen Satzgefügen bzw. Satzreihen. Bei der Verknüpfung sollst du auf das Material aus dem Wortspeicher zurückgreifen. Formuliere die Sätze in deinem Heft.*

**Wortspeicher**

zwar ..., aber... obwohl einerseits ..., andererseits

## Belege zu Argumenten finden

**4** *Argumente wirken besonders überzeugend, wenn sie durch Belege (Beispiele, Zitate usw.) gestützt werden. Suche zu den Argumenten gegen die Schulspeisung Belege aus den Texten.*

| Argumente | Belege |
|---|---|
| Man kann Schülerinnen und Schüler nicht zwingen, dasselbe zu essen. | a) ______________________________ <br> ______________________________ <br> b) ______________________________ <br> ______________________________ |

| Argumente | Belege |
|---|---|
| Der organisatorische Aufwand wäre zu groß. | a) ____________________<br>____________________<br>b) ____________________<br>____________________ |

**5** *Entscheide, welche der Belege sich zur Unterstützung des Pro-Arguments eignen.*

Eine gemeinsame Schulspeisung stärkt das Gemeinschaftsgefühl.

| Belege (Beispiele, Zitate usw.) | richtig | falsch |
|---|---|---|
| a) Zu viel Fett und Zucker sind nachteilig für den Knochenaufbau. | ☐ | ☐ |
| b) Auf Klassenfahrten kann man erleben, wie schön es ist, gemeinsam zu essen. | ☐ | ☐ |
| c) „Eine gute Suppe hält Körper und Seele zusammen.“ (Sprichwort) | ☐ | ☐ |
| d) Kinder, die kein Geld für den Kiosk haben, fühlen sich nicht mehr benachteiligt. | ☐ | ☐ |

### Behauptungen mit Hilfe von Textzitaten belegen

**6** *Verbinde wie im Beispiel unten jeweils eine Aussage und das passende Zitat zu einem Satz. Arbeite in deinem Heft.*

| Aussage | Zitat |
|---|---|
| (1) Neue Studien zeigen, dass viele Schülerinnen und Schüler ohne Frühstück zur Schule kommen. | (a) „Ich bin Vegetarier und esse auch keine Milchprodukte, wie Käse und Butter.“ (Stefan, Klasse 9) |
| (2) In Großbritannien ist das Problem übergewichtiger Kinder besonders groß. | (b) „Rund ein Viertel aller Achtklässler verlassen morgens das Haus, ohne etwas gegessen zu haben.“ (Ergebnis einer Studie in Hessen) |
| (3) Manche Schülerinnen und Schüler haben spezielle Ernährungsgewohnheiten. | (c) „Zwei Drittel der 16-Jährigen können nicht zum Militär eingezogen werden, weil sie Übergewicht haben.“ (Aussage eines britischen Militäroffiziers) |

(1 + c) In Großbritannien ist das Problem übergewichtiger Kinder nach Aussage eines Militäroffiziers besonders groß, denn zwei Drittel der 16-Jährigen können dort wegen Übergewichts nicht eingezogen werden.

## D Den Schreibplan erstellen

### Einleitungen schreiben – Die Adressaten ansprechen

**1** *Lies die folgenden Einleitungen auf der nächsten Seite und bewerte sie mit Hilfe der Tabelle darunter. Welche Einleitung ist am besten gelungen?*

A
Der Wecker klingelt, in zehn Minuten fährt mein Bus. Schnell in die Klamotten, dann den Rucksack gepackt und auf geht's. Unterwegs beim Kiosk eine Cola und zwei Schokoriegel. Mein Schultag kann beginnen ...

B
Schule hat nicht nur die Aufgabe, Wissen zu vermitteln, sondern sie soll auch zu verantwortungsbewusstem Verhalten erziehen. Das gerät bei der Diskussion um den „Öko- oder Schoko-Kiosk" in Vergessenheit.

C
In der letzten Ausgabe der Schülerzeitung wird die Frage diskutiert, ob wir eine für alle verbindliche Schulspeisung in der ersten großen Pause einführen wollen. Ich bin klar dagegen, denn für mich geht es ...

| Einleitung | Thema genannt? | auf die Artikel bezogen? | eigene Meinung dargestellt? | sprachlich angemessen? |
|---|---|---|---|---|
| A | | | | |

### Hauptteil: Die Argumente und Gegenargumente anordnen und gewichten

**2** *a) Nummeriere die wesentlichen Argumente aus Teil B, Aufgabe 2, nach ihrer Wichtigkeit.*
*b) Übertrage das folgende Schema in dein Heft und setze es entsprechend fort.*
*c) Skizziere in Stichworten den Aufbau deiner Argumentation.*

Hauptteil: These: ______

1. Argument: ______
Beleg: ______
2. Argument: Die Vielfalt wird unterbunden.
Beleg: ______
3. Argument: ... ______

### Schluss: Fazit als Aufforderung, Wunsch oder Appell

**3** *Formuliere zuletzt in wenigen Stichworten einen Schlusssatz, der gut zu deiner Argumentation passt (z. B. ein Wunsch, eine Aufforderung, einen Appell, negative oder positive Folgen der Entscheidung).*

**4** *Verfasse nun den Leserbrief.*

## E Den eigenen Text überarbeiten

**1** *Prüfe anhand der folgenden Checkliste, an welchen Stellen bzw. wie du deinen Text überarbeiten solltest.*

☑ **Checkliste**

| Du hast ... | + | – |
|---|---|---|
| ☐ ... in der Einleitung Thema und Schreibmotiv genannt und beziehst dich auf die Artikel. | ☐ | ☐ |
| ☐ ... deine Meinung klar zum Ausdruck gebracht. | ☐ | ☐ |
| ☐ ... Argumente mit Beispielen/Belegen gestützt. | ☐ | ☐ |
| ☐ ... deine Argumente gewichtet und geordnet. | ☐ | ☐ |
| ☐ ... wichtige Gegenargumente einbezogen und – falls möglich – nachvollziehbar entkräftet. | ☐ | ☐ |
| ☐ ... sprachlich einen adressatengerechten und gut verständlichen Stil durchgehalten. | ☐ | ☐ |
| ☐ ... am Ende einen geeigneten Schlusssatz formuliert, der deine Position unterstreicht. | ☐ | ☐ |

**2** *Prüfe abschließend die korrekte Rechtschreibung und Zeichensetzung (siehe Umschlagklappe).*

# *Peter Bichsel:* Der Milchmann – Die Illustration einer Kurzgeschichte begründen

Für eine Sammlung von Geschichten werden Bilder gesucht, die jeweils gut zum Inhalt der Texte passen.

1. **Lies die Kurzgeschichte „Der Milchmann" von Peter Bichsel.**
2. **Wähle zur Illustration der Kurzgeschichte eines der abgedruckten Bilder aus und begründe deine Entscheidung ausführlich.**

Peter Bichsel

## Der Milchmann 1964

Der Milchmann schrieb auf einen Zettel: „Heute keine Butter mehr, leider." Frau Blum las den Zettel und rechnete zusammen, schüttelte den Kopf und rechnete noch einmal, dann schrieb sie: „Zwei Liter, hundert Gramm Butter, Sie hatten gestern keine Butter und berechneten sie mir gleichwohl."

Am andern Tag schrieb der Milchmann: „Entschuldigung."

Der Milchmann kommt morgens um vier, Frau Blum kennt ihn nicht, man sollte ihn kennen, denkt sie oft, man sollte einmal um vier aufstehen, um ihn kennen zu lernen.

Frau Blum fürchtet, der Milchmann könnte ihr böse sein, der Milchmann könnte schlecht denken von ihr, ihr Topf ist verbeult.

Der Milchmann kennt den verbeulten Topf, es ist der von Frau Blum, sie nimmt meistens zwei Liter und hundert Gramm Butter. Der Milchmann kennt Frau Blum. Würde man ihn nach ihr fragen, würde er sagen: „Frau Blum nimmt zwei Liter und hundert Gramm, sie hat einen verbeulten Topf und eine gut lesbare Schrift." Der Milchmann macht sich keine Gedanken, Frau Blum macht keine Schulden. Und wenn es vorkommt – es kann ja vorkommen – dass hundert Rappen[1] zu wenig daliegen, dann schreibt er auf einen Zettel: „Hundert Rappen zu wenig." Am andern Tag hat er die hundert Rappen anstandslos und auf dem Zettel steht: „Entschuldigung." ‚Nicht der Rede wert.' oder ‚keine Ursache', denkt dann der Milchmann, und würde er es auf den Zettel schreiben, dann wäre das schon ein Briefwechsel. Er schreibt es nicht.

Den Milchmann interessiert es nicht, in welchem Stock Frau Blum wohnt, der Topf steht unten an der Treppe. Er macht sich keine Gedanken, wenn er nicht dort steht. In der ersten Mannschaft spielte einmal ein Blum, den kannte der Milchmann, und der hatte abstehende Ohren. Vielleicht hat Frau Blum abstehende Ohren.

Milchmänner haben unappetitlich saubere Hände, rosig, plump und verwaschen. Frau Blum denkt daran, wenn sie seine Zettel sieht. Hoffentlich hat er die hundert Rappen gefunden. Frau Blum möchte nicht, dass der Milchmann schlecht von ihr denkt, auch möchte sie nicht, dass er mit der Nachbarin ins Gespräch käme. Aber niemand kennt den Milchmann, in unserm Quartier niemand. Bei uns kommt er morgens um vier. Der Milchmann ist einer von denen, die ihre Pflicht tun. Wer morgens um vier die Milch bringt, tut seine Pflicht, täglich, sonntags und werktags. Wahrscheinlich sind Milchmänner nicht gut bezahlt und wahrscheinlich fehlt ihnen oft Geld bei der Abrechnung. Die Milchmänner haben keine Schuld daran, dass die Milch teurer wird.

Und eigentlich möchte Frau Blum den Milchmann gern kennen lernen.

Der Milchmann kennt Frau Blum, sie nimmt zwei Liter und hundert Gramm und hat einen verbeulten Topf.

1 **100 Rappen:** entspricht einem Franken (Schweizer Währung, entspricht Centbeträgen)

**Bildvorschläge:**

A

Edward Hopper: Room in Brooklyn (1932)

B

Thiele-Malwitz: Milchhandel (1963)

C

Edward Hopper: Morning Sun (1952)

D

Jaroslav Schwarzstein: Früher Morgen (2007)

## A Die Aufgabe verstehen

**1** *a) Markiere in der Aufgabenstellung die Schlüsselwörter. Welche der folgenden Arbeitsschritte sind für die Lösung der Aufgabenstellung sinnvoll, welche nicht? Kreuze jeweils eine der beiden rechten Spalten an.*

| Nr. | Du sollst ... | sinnvoll | sinnlos |
|---|---|---|---|
| | a) ... das Bild deiner Wahl beschreiben (Motiv, Farben, Stimmung, ...). | | |
| | b) ... die Kurzgeschichte überfliegen und sofort eine Entscheidung treffen. | | |
| | c) ... das Bild auswählen, das deiner Ansicht nach zur Kurzgeschichte passt. | | |
| | d) ... den Text so gründlich lesen, dass du Inhalt und Aussage verstehst. | | |
| | e) ... Gemeinsamkeiten zwischen der Geschichte und den Bildern finden. | | |
| | f) ... zu allen Bildern eine ausführliche Bildbeschreibung anfertigen. | | |
| | g) ... dich bei der Bildauswahl an der Geschichte orientieren (Thema, Figuren, Ort, Zeit, Gegenstände, ...). | | |
| | h) ... Gründe für deine Bildauswahl formulieren und am Text belegen. | | |

*b) Nummeriere die sinnvollen Arbeitsschritte in der linken Tabellenspalte in angemessener Reihenfolge.*

# B Erstes Textverständnis – Ideen entwickeln

## Wichtige Aspekte des Textes begreifen

**1** *Lies den Text gründlich durch. Was ist dein erster Eindruck? Notiere hier in Stichpunkten Ideen, Fragen, Assoziationen oder auch Gefühle, die der Text hervorruft:*

___

___

___

**2** *Verschaffe dir einen Überblick über den Text. Vervollständige dazu auf einem gesonderten DIN-A4-Blatt die folgende Tabelle:*

| Titel, Autor, Textsorte, Erscheinungsjahr | Figuren (mit auffälligen Eigenschaften) | Wichtige Stationen der Handlung |
|---|---|---|
| „Der Milchmann", ... | Frau Blum: ist ... | |

**3** *Prüfe, ob du den Text mit seinen Besonderheiten wirklich verstanden hast. Streiche die falsche Alternative durch. Wenn du unsicher bist, lies die entsprechende Textstelle noch einmal gründlich durch.*

Peter Bichsels Text ist *1964/1946*, also *gegen Ende des/nach dem* zweiten Weltkrieg erschienen; an der Währung „Rappen" wird deutlich, dass hier eine Situation *in Deutschland/in der Schweiz* geschildert wird. Dass die Handlung in der Nachkriegszeit anzusiedeln ist, erkennt man auch an dem *verbeulten/nagelneuen* Topf – Frau Blum *ist stolz auf ihn/schämt sich dafür*. Wie viele *Theaterstücke/Kurzgeschichten* steigt der Text *plötzlich/nach einer ausführlichen Einleitung* in das Geschehen ein und hat ein *offenes/eindeutiges* Ende. Im Mittelpunkt des Textes steht eine *ganz alltägliche/außergewöhnliche* Situation. Zentrale Figur ist – *anders als/wie* die Überschrift es anzeigt – ein Milchmann. Er ist *geschäftstüchtig/pflichtbewusst* und liefert seine Milch jeden Tag pünktlich um *vier/fünf* Uhr an der *Wohnungstür/Haustür* von Frau Blum ab. Er macht sich *keine/viele* Gedanken über sie, weil sie *selten/große* Schulden bei ihm macht. Er weiß alles, was er für den geschäftlichen Umgang mit ihr braucht, denn er kennt ihre *Bestellung/Bedürfnisse* genau. Ein Briefwechsel etwa ist ihm zu viel *Kontakt/Aufwand*. Frau Blum möchte den Milchmann zwar gern kennen lernen, scheut aber *das frühe Aufstehen/die Begegnung*, weil sie zu *unsicher/bequem* ist. Sie denkt *viel/nicht* über ihn nach und hat sich eine *genaue/ungefähre* Vorstellung von ihm gebildet. Die *Gründe für/Folgen von* Frau Blums *Aufgeschlossenheit/Zurückhaltung* sind *eindeutig/angedeutet*: Sie *kann/will* das Bild, das sie sich gemacht hat, *nicht korrigieren/nicht erhalten*. Da die Figuren sich *ständig/gar nicht* miteinander unterhalten, gibt es im Text *kaum/sehr viel* wörtliche Rede. Der Text ist reich an *innerer/äußerer* Handlung, daher *versteht man sofort, was vor sich geht/muss man darüber nachdenken, worum es eigentlich geht*.

**4** *Welche der folgenden Aussagen trifft den Kern der Geschichte am ehesten? Thema des Textes ist …*

a) ☐ ... der Alltag eines Milchmanns mit all seinen Herausforderungen, Sorgen und Nöten.

b) ☐ ... die Einsamkeit alleinstehender Witwen in den anonymen Quartieren der Stadt.

c) ☐ ... mangelnder Austausch und unpersönliche Beziehungen zwischen den Menschen.

d) ☐ ... das fehlende Interesse der arbeitenden Bevölkerung für die Wünsche ihrer Kunden.

### Kriterien für die Bildauswahl finden

**5** *Kreuze an, welche Aspekte bei der Auswahl des Bildes eine Rolle spielen könnten.*

| | richtig | falsch |
|---|---|---|
| a) die auf dem Bild dargestellten Figuren und Gegenstände | ☐ | ☐ |
| b) das auf dem Bild dargestellte Motiv (Situation) | ☐ | ☐ |
| c) die Art der Darstellung (Zeichnung, Foto, Malerei, ...) | ☐ | ☐ |
| d) die Farbgebung (hell, dunkel, kräftig, sanft, einfarbig, ...) | ☐ | ☐ |
| e) der Künstler und seine Fähigkeiten | ☐ | ☐ |
| f) der Titel und das Entstehungsjahr des Bildes | ☐ | ☐ |
| g) die Stimmung, die im Bild herrscht (Lichtverhältnisse) | ☐ | ☐ |

**6** *Verschaffe dir nun einen Überblick über die vier Bilder. Ergänze dazu auf einem gesonderten Blatt folgende Tabelle.*

| Bild | Situation / Thema | Figuren | Gegenstände | Farben | Stimmung |
|---|---|---|---|---|---|
| A | Frau allein im Hochhaus ..., | | | | ruhig, in sich gekehrt, ... |

## C Übungen

### Argumente sammeln und gewichten

**1** *Finde nun die Gemeinsamkeiten zwischen Bild A und dem Text. Ergänze dazu fehlende Merkmale der Kurzgeschichte im linken Kreis und zentrale Elemente von Bild A im rechten Kreis. Übereinstimmende Aspekte kannst du in der Schnittmenge platzieren; sie helfen dir später bei der Auswahl und Begründung.*

Vergleich für **Bild A**

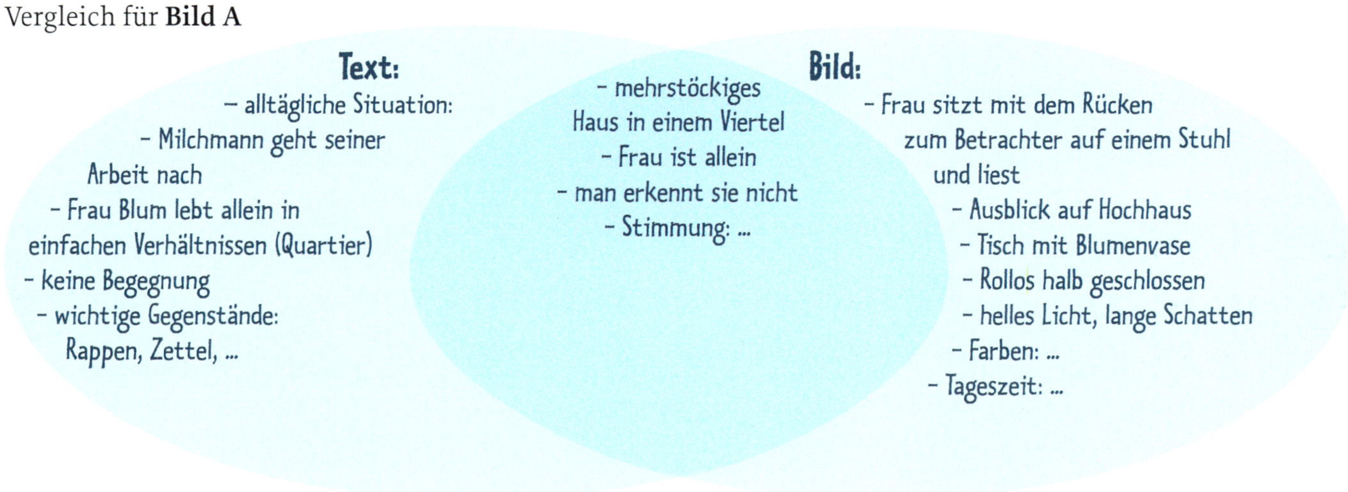


**2** *Verfahre ebenso für die übrigen drei Bilder. Arbeite dazu auf einem eigenen DIN-A4-Blatt.*

**3** *Betrachte die Schnittmengen – welches Bild weist für dich die meisten Gemeinsamkeiten zum Text auf? Begründe kurz.*

Bild Nr. ______ passt meiner Meinung nach am besten zu der Geschichte „Der Milchmann“, weil ...

______________________________________________

**4** *Sammle in der folgenden Tabelle Argumente, die für deine Wahl sprechen (Stichpunkte aus der Schnittmenge).*

| Aspekt | Argumente für Bild: |
|---|---|
| Situation / Thema | ______________________________ |
| Figuren | ______________________________ |
| Gegenstände | ______________________________ |
| Farben | ______________________________ |
| Stimmung | ______________________________ |

## Gut begründen – auf sprachliche Verknüpfungen achten

**5** *a) Setze in die folgende Begründung jeweils die passende Konjunktion aus dem Wortspeicher ein. Achte dabei auf Abwechslung und den logischen Zusammenhang.*

**Wortspeicher**

dass – denn – zumal – deswegen – sodass – da / weil – außerdem – weder ... noch – weiterhin – worin – sowohl ... als auch

Meiner Ansicht nach passt das Bild „Room in Brooklyn“ von Edward Hopper am besten zu Peter Bichsels Kurzgeschichte „Der Milchmann“, ____________ (1) in beiden Fällen ist eine Frau eine wichtige Figur. ____________ (2) im Text ____________ (3) auf dem Bild ist die Frau allein dargestellt, ____________ (4) auch hier eine Gemeinsamkeit vorliegt. ____________ (5) passt nach meiner Einschätzung auch ihr Alter (sie trägt einen Dutt!), ____________ (6) ich mir Frau Blum nur schwer als eine junge Frau vorstellen kann. ____________ (7) die Frau aus dem Fenster auf das Nachbarhaus blickt, würde ich als Wunsch nach Kontakt deuten: Sie möchte etwas sehen, beobachten, vielleicht als Zuschauerin miterleben, ____________ (8) eine weitere Parallele zu Frau Blum im Text besteht. ____________ (9) fällt auf, dass kein Fenster geöffnet ist; wie Frau Blum unternimmt die Frau nichts, um zur Umwelt Kontakt aufzunehmen, ____________ (10) weit und breit niemand zu sehen ist, zu dem sie Kontakt aufnehmen könnte. ____________ (11) im Text ____________ (12) auf dem Bild kommt es also zu einer Begegnung. ____________ (13) denke ich, dass sich das Bild besonders gut für die Illustration der Geschichte eignet.

*b) Unterstreiche im Text alle Argumente, die für das Bild sprechen. Wie viele sind es?*

**6** *Ergänze den Text in deinem Heft um die Punkte, die weitere Gemeinsamkeiten darstellen und noch nicht genannt wurden. Achte darauf, dass deine Meinung als solche erkennbar ist.*

## D Den Schreibplan erstellen

**1** *Überlege dir nun eine sinnvolle Gliederung. Ordne dazu die Teilaufgaben der Einleitung* **(E)**, *dem Hauptteil* **(H)** *oder dem Schlussteil* **(S)** *zu.*

(___) die Gründe für die Wahl zusammenfassen
(___) Argumente formulieren und sinnvoll verknüpfen
(___) die eigene Meinung kurz zusammenfassen
(___) den Inhalt des Textes zusammenfassen
(___) Titel, Textsorte, Autor und Aufgabe nennen
(___) das Bild benennen und beschreiben

**2** *Lege auf einem DIN-A4-Blatt ein Flussdiagramm für den Hauptteil deiner Stellungnahme an. Trage nach dem folgenden Muster deine Argumente aus Aufgabe 4 im Teil C ein. Notiere für jeden Aspekt erst die Gemeinsamkeiten und dann die Punkte, die nicht eindeutig oder verschieden sind.*

**Hauptteil für Bild Nr. A**

Situation deutet auf ähnliches **Thema** (Alleinsein, kein Kontakt)

↓

Die **Figur** der Frau taucht in beiden Medien auf

↓

**Motiv:** Die Frau ist jeweils allein dargestellt

↓

...

**3** *Begründe nun in einem zusammenhängenden Text, welches Bild du für die Illustration verwenden würdest. Nutze das Flussdiagramm als Orientierungshilfe, um sinnvolle Absätze einzuhalten.*

## E Den eigenen Text überarbeiten

**1** *Überarbeite den Beginn der folgenden Stellungnahme mit Hilfe der Checkliste unten:*

Die Erzählung von Peter Bichsel würde ich mit dem ersten Bild von Hopper illustrieren. Dort geht es um eine Frau, das stimmt also überein. „Der Milchmann“ handelte von einer alltäglichen Situation in der Schweiz. Frau Blum kaufte ihre Milch und Butter immer bei einem Milchmann. Sie würde ihn gerne kennen lernen, er sie aber nicht. Die Frau sitzt auf einem Stuhl und blickt aus dem Fenster. Ihr Gesicht sieht der Betrachter nicht, man (er)kennt sie nicht. Auch das passt, denn die beiden kennen sich ja nicht. Die Frau ist allein – in beiden Fällen.

### ☑ Checkliste „Bildauswahl begründen“

| | + | – |
|---|---|---|
| ☐ Benennst du das Bild deiner Wahl (ggf. mit Titel und Künstler) eindeutig? | ☐ | ☐ |
| ☐ Sind die Angaben zum Text in deiner Einleitung vollständig und korrekt? | ☐ | ☐ |
| ☐ Fasst du den Text kurz zusammen und beschreibst das Bild in wenigen Sätzen? | ☐ | ☐ |
| ☐ Werden in der Begründung Gemeinsamkeiten von Text und Bild deutlich? | ☐ | ☐ |
| ☐ Gewichtest du deine Argumente (das überzeugendste zuletzt)? | ☐ | ☐ |
| ☐ Ist deine Begründung durchgehend im Präsens verfasst? | ☐ | ☐ |
| ☐ Verknüpfst du Argumente durch Konjunktionen sinnvoll miteinander? | ☐ | ☐ |

# *Gabriele Wohmann:* Wachsfiguren – Einen inneren Monolog gestalten

**Verfasse einen inneren Monolog, der die Gefühle Lilias im Anschluss an die Kurzgeschichte widerspiegelt.**
Stell dir vor, wie Lilia aus dem angrenzenden Saal hinüber in den Thronsaal blickt und dabei zufällig „Häschen" auf dem Podest entdeckt. Lasse den inneren Monolog hier beginnen.
**Berücksichtige dabei:**
**– Lilias empfundene Einschränkungen durch den Jungen („Hase")**
**– Lilias Gedanken über dessen Situation**

Gabriele Wohmann

## **Wachsfiguren** 1973

Ach so, Hase geht auch mit, sagte Lilia mit fallendem Ton.

– Natürlich geht das Häschen mit, rief Tante Else.

Hase stand in seiner gewohnten Abwehrhaltung mit so weit wie möglich weggedrehtem Gesicht. Er spürte Wärme, plötzlich dicht: Tante Else hatte sich neben ihn gekauert, ihre Arme waren zu eifrig.

– Heute geht es mit, nicht wahr, das Häschen, sagte Tante Else.

Es tat Hase leid um Lilia: Sie hatte das neue Kleid an mit den roten und schwarzen Spritzern und sah so erwachsen aus. Sie konnte ihn nicht gebrauchen. Er sagte nichts, die Lippen ließen sich nicht bewegen, aber es tat ihm leid. Das wäre nicht der Sonntag, den sie mit diesem Kleid haben könnte.

Onkel Willi kam aus der Küche ins Vorzimmer und ließ die Tür offen, und der heiße Waschgeruch strömte herein. Onkel Willi roch festlich nach den Blumen und Kräutern seiner Rasierpaste. Sein speckiges Gesicht war nicht hart wie an Werktagen, sondern vom heißen Wasser aufgequollen und rot.

– Was macht der Hase für ein böses Gesicht, sagte er mit seiner Sonntagsstimme. Was macht er für'n böses Gesicht, wenn er mitgehn darf, he?

Hase gab sich Mühe, zu lächeln, aber das tat immer noch ein bißchen weh, fast zwei Jahre nach der Operation, die Oberlippe hatte nicht genug Platz, oder was war es sonst, auf jeden Fall fühlte er sich nicht wohl, wenn er lächeln mußte.

– Macht er ein böses Gesicht? rief Tante Else. Macht er denn eins?

– Na klar, sagte Onkel Willi, ich kann's nicht verstehn an so einem Tag, wo wir ihn mitnehmen.

Hase spürte, daß er jetzt etwas unternehmen mußte – nie war ein Frieden stabil genug. Er stieß eine Folge bettelnder Laute aus, hob die Hände, zwang sich, den Kopf ganz ihnen allen zuzukehren, das Gesicht zu heben, zu zeigen. Böses Gesicht. Lächeln, schlimmer als Schmerz, Unbehagen wie Krankheit. Kleines schreckliches Gesicht, schartig verzerrt und riesig rot geflügelt von den Ohrschalen. Es tat ihm leid für Lilia, auch ein bißchen für Tante Else, und sogar für Onkel Willi, weil er so weich und sonntäglich gestimmt war.

– Na laßt uns doch gehn, sagte Tante Else. Undankbare Kinder verdienen ja gar nicht, daß man sich so mit ihnen anstellt.

Es tat ihm leid um Lilias Kleid, weil alle Aufmerksamkeit unterwegs, im Omnibus und in der Vorhalle an der Kasse, wie immer auf ihn gezogen war. Häschen mit der Häschenscharte[1], Mäuschen mit den Fledermäuschenohren. Es tat ihm so leid für Lilia. Wie hieß er eigentlich wirklich? Hatte er einen Namen? Wie die andern: Willi, Else, Lilia. Kein Gesicht, keinen Namen. Er lief hinter den andern her mit gesenktem Kopf, fühlte sich schläfrig vor Kummer.

– Da, seht euch das an, sagte Onkel Willi, schleppt man ihn mit, und er hält's nicht für nötig, sich die Figuren zu betrachten. Der Eintritt hat Geld gekostet, hörst du?

– Na laß ihn doch, sagte Tante Else.

Er mußte nur die Anstrengung machen, sich aufrecht vor sie hinzustellen und den Kopf zu heben, ihnen alles zeigen, dann hätte er ein Gesicht. Von unten herauf betrachtete er die Wachsfiguren. Lächelnd und steif und unantastbar, Schöne und Häßliche und Krüppel, Könige, Verbrecher. Irgendwann bekäme er dann auch einen Namen. Jemand würde dem Aufseher melden: Da steht eine Figur ohne Namen. Sie fänden einen Namen. Er hielte ihnen sein Gesicht hin, ließe das Licht rot durch die Ohrflügel fluten.

Im Thronsaal blieb er zurück, erklomm das freie Podest. Er achtete nicht darauf, neben wen er sich gestellt hatte, nahm eine Haltung ein, die ihm bequem vorkam. Ohne zu lächeln, wie angenehm. Er hob das Gesicht und spürte es, spürte Augen und Nase und Lippenwunde, spürte das Licht in den Ohren. Er sah im angrenzenden Saal Lilias Kleid, die Farben schienen aus den Spritzern zu leuchten. Es erleichterte ihn: ein Tag für Lilias Kleid. Er beschloß, es nicht mehr lang hinauszuzögern, sondern so bald wie möglich das Atmen einzustellen. R

1 **Hasenscharte:** angeborene Spalte der Lippen (z. T. über den Gaumen bis in den Kieferknochen), die in (mehrfachen) Operationen behoben werden kann.

## A Die Aufgabe verstehen

**1** *Lies die Aufgabenstellung genau. Was gehört dazu? Kreuze an.*

| **Du sollst ...** | **richtig** | **falsch** |
|---|---|---|
| a) ... den Inhalt der Kurzgeschichte wiedergeben. | ☐ | ☐ |
| b) ... das Verhalten des Jungen bewerten. | ☐ | ☐ |
| c) ... dich in Lilia hineinversetzen. | ☐ | ☐ |
| d) ... die Kurzgeschichte zu Ende schreiben. | ☐ | ☐ |
| e) ... dich mit Lilias und „Häschens“ Situation auseinandersetzen. | ☐ | ☐ |
| f) ... Gefühle und Gedanken Lilias in deinem Text wiedergeben. | ☐ | ☐ |

## B Erstes Textverständnis – Ideen entwickeln

### Sich in die Figuren hineinversetzen

**1** *Um die Aufgabenstellung lösen zu können, musst du den Inhalt der Kurzgeschichte genau verstanden haben. Streiche dazu in der folgenden Zusammenfassung jeweils die falsche(n) Alternative(n) durch. Wenn du unsicher bist, lies gegebenenfalls im Text nach.*

In der Kurzgeschichte „Wachsfiguren“ von Gabriele Wohmann geht es um einen Jungen mit einer (1) *Hasenscharte/geistigen Behinderung*, dessen Namen man nicht erfährt. Seine Verwandten nehmen ihn mit zu einem Besuch ins (2) *Kunstmuseum/Wachsfigurenkabinett*. Der Junge, der von allen nur „Hase“ oder (3) *„Häschen“/„Fröschlein“* genannt wird, wird wegen seines Äußeren (4) *angestarrt/ausgelacht/bemitleidet* und schämt sich. Er fürchtet, durch seine (5) *Traurigkeit/Anwesenheit* den anderen den Sonntagsausflug zu verderben. Obwohl es (6) *schmerzhaft/gleichgültig* für ihn ist, versucht er die ganze Zeit (7) *zu lächeln/zu atmen*. Lilia trägt an diesem Tag ein (8) *teures/neues* Kleid. Dies wird von (9) *kaum jemandem/vielen* bemerkt, weil die Aufmerksamkeit der Leute (10) *dem Jungen/den Wachsfiguren/Lilia* gilt. Zwischen all den berühmten (11) *Figuren/Menschen* stellt der Junge sich vor, wie es wäre, eine Wachsfigur zu sein und wie sie einen (12) *richtigen Namen/festen Platz* zu bekommen. Er bleibt (13) *ohne seine/mit seinen* Verwandten im Thronsaal, steigt auf ein freies Podest und beschließt, mit dem (14) *Lächeln/Denken/Atmen* aufzuhören.

**2** *Du sollst den inneren Monolog aus Lilias Perspektive schreiben. Unterstreiche im Text die Sätze, in denen es um Lilia geht bzw. in denen der Junge über sie nachdenkt.*

**3** *Warum tut es dem Jungen leid um Lilia(s Kleid)? Begründe deine Meinung in wenigen Sätzen.*

______________________________

______________________________

______________________________

## Das Verhältnis der Figuren zueinander verstehen

**4** *a) Wie verhalten sich Lilia, Else und Willi dem Jungen gegenüber? Markiere Textstellen, an denen deutlich wird, wie sie ihm gegenüber denken und fühlen.*
*b) Lege auf einem eigenen DIN-A4-Blatt folgende Tabelle an und ergänze sie.*

| Das Verhältnis von ... zu dem Jungen | wird ersichtlich aus: ... (Textstelle) | lässt sich so beschreiben: ... (Deutung) |
|---|---|---|
| Lilia | | |
| Else | „hatte sich neben ihn gekauert“ (Z. 4) | – bemuttert ihn wie ... |
| Willi | | |

**5** *Fasse deine Ergebnisse zusammen, indem du die folgenden Sätze ergänzt.*

Die Verwandten verhalten sich dem Jungen gegenüber ______________________________

______________________________

______________________________

Er fühlt sich deshalb vermutlich ______________________________

______________________________

______________________________

**6** *Welche der drei Grafiken veranschaulicht deiner Meinung nach die Figurenkonstellation in dieser Geschichte am besten? Begründe deine Meinung kurz.*

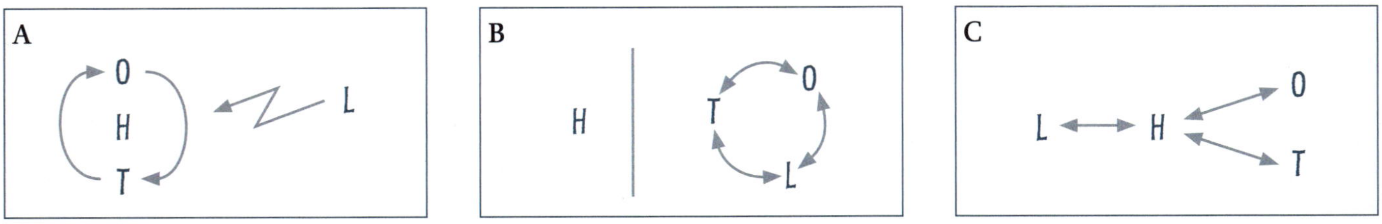


Ich finde, dass Grafik ______ die Figurenkonstellation am besten abbildet, weil ______________________________

______________________________

# C Übungen

## Formale und sprachliche Merkmale einhalten

**1** *Welche Merkmale musst du beim Verfassen eines inneren Monologs beachten? Kreuze die richtige Lösung an.*

**Ein innerer Monolog steht ...**

a) ☐ ... in der Er-Form. b) ☐ ... in der Er- oder Ich-Form. c) ☐ ... in der Ich-Form.

**2** **Anführungszeichen verwendet man beim inneren Monolog ...**

a) ☐ ... zum Kennzeichnen von Gedanken. b) ☐ ... am Anfang und Ende. c) ☐ ...gar nicht.

**3** *Im Folgenden findest du ein Beispiel für einen gelungenen inneren Monolog. Vollziehe typische formale Merkmale nach, indem du sie den entsprechenden Textstellen zuordnest.* **Innere Monologe ...**

> Ich halt's nicht mehr aus! Müssen mich alle immer so anglotzen?! Wie ein Tier im Zoo?! Sie glauben wohl, dass ich es nicht merke! Diese Schmerzen in der Lippe ... vor allem beim Lächeln – wann hört das endlich auf? Arme Lilia – wie hübsch sie heute aussieht! Doch keiner bemerkt es – und ich bin schuld daran. Am liebsten würde ich im Erdboden versinken. Ich merke es doch, wie sie sich schämt meinetwegen. Alle schämen sich. Aber ich bin doch auch jemand! Häschen ... Mäuschen ... Warum nennt ihr mich nicht bei meinem Namen? Ich wünschte ...

☐ ... sind im Präsens verfasst:

Bsp.: ______________________________

______________________________

☐ ... stellen Gefühle dar (Angst, Schmerz, Wut, Mitleid ...):

Bsp.: ______________________________

______________________________

☐ ... enthalten Gedanken und Überlegungen:

Bsp.: ______________________________

☐ ... sind oft gekennzeichnet durch Fragen, Ausrufe sowie unvollständige Sätze:

Bsp.: ______________________________

**4** *Stell dir vor, du wärst Beobachter der Situation im Wachsfigurenkabinett. Was ginge in dir vor? Setze den inneren Monolog fort.*

Der arme Junge ...

______________________________

______________________________

______________________________

______________________________

______________________________

______________________________

______________________________

**5** *Die Ablehnung, die der Junge erlebt, wird besonders durch Aussagen des Onkels deutlich, z. B.:*

- „Was macht er für'n böses Gesicht, wenn er mitgehn darf, he?" (Z. 15–16)
- „... ich kann's nicht verstehn an so einem Tag, wo wir ihn mitnehmen." (Z. 21–22)
- „Da (...) schleppt man ihn mit und er hält's nicht für nötig, sich die Figuren zu betrachten. Der Eintritt kostet Geld, hörst du?" (Z. 38–39)

*a) Formuliere die Gedanken und Gefühle des Onkels zu einem inneren Monolog um. Beachte dabei die typischen Merkmale (vgl. Aufgabe 1–3).*

*b) Unterstreiche in deinem Text die Sätze, die auch Lilia in ihrer Situation durch den Kopf gehen könnten.*

**6** *Hier findest du zwei Vorschläge, wie Lilias innerer Monolog beginnen könnte.*

*Welcher Anfang entspricht eher einem inneren Monolog? Begründe deine Wahl in wenigen Sätzen.*

## D Den Schreibplan erstellen

### Gedanken entwickeln, sortieren und aneinanderfügen

**1** *Sammle dazu in deinem Heft in Form einer Mind-Map zu allen Aspekten der Aufgabenstellung Gedanken und Gefühle, die Lilia formulieren könnte. Nutze deine eigenen Ideen und den Wortspeicher unten.*

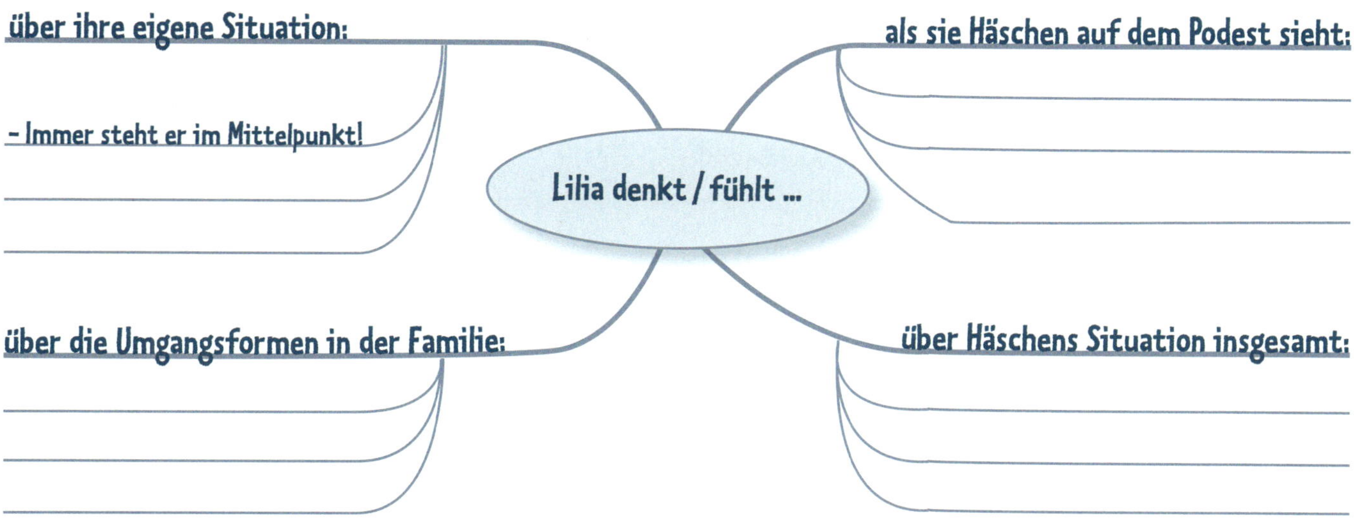


**Wortspeicher**

ungerecht – abgelehnt – allein – missachtet – müde – gemein – unerträglich – gequält – schmerzhaft – verstehen – wünschen – abstoßend – traurig – enttäuscht

**2** *Was könnte Lilia zuerst durch den Kopf gehen, welche Gedanken könnten folgen, was beschäftigt sie zuletzt? Lege eine Reihenfolge fest, indem du deine Notizen entsprechend nummerierst.*

**3** *Verfasse nun den inneren Monolog gemäß der Aufgabenstellung. Beachte dabei typische formale Merkmale.*

## E Den eigenen Text überarbeiten

**1** *Prüfe deine Arbeit anhand der folgenden Checkliste. Überarbeite die Punkte, die nicht zutreffen.*

**☑ Checkliste „innerer Monolog"**

| | | + | – |
|---|---|---|---|
| **Inhalt** | ☐ Schließt dein innerer Monolog an die letzte Situation in der Geschichte an? | ☐ | ☐ |
| | ☐ Zeigst du, welche Auswirkungen die Anwesenheit des Jungen für Lilia hat? | ☐ | ☐ |
| | ☐ Stellst du die Gefühle, Gedanken und Probleme des Jungen aus Lilias Sicht dar? | ☐ | ☐ |
| **Sprache** | ☐ Ist der Monolog im Präsens verfasst? | ☐ | ☐ |
| | ☐ Enthält der Text Fragen, Ausrufe, unvollständige Sätze? | ☐ | ☐ |
| | ☐ Behältst du konsequent die Ich-Form bei? | ☐ | ☐ |

**2** *Hast du in deinem inneren Monolog Rechtschreibung und korrekte Zeichensetzung geprüft? Beachte: Die Kurzgeschichte von Gabriele Wohmann ist in alter Rechtschreibung abgedruckt.* Ⓡ

# „Meine Knete ist weg!“ – Einen Beitrag für die Schülerzeitung überarbeiten

Alissa hat in der Schuldiskothek einen Diebstahl miterlebt, der Täter wurde noch vor Ort gefasst. Für die nächste Ausgabe der Schülerzeitung hat sie kurz nach dem Vorfall ihr Erlebnis auf Band aufgenommen, um nichts zu vergessen.

1. **Überarbeite Alissas Originalton Satz für Satz**, sodass er **in Standardsprache** in der Schülerzeitung abgedruckt werden kann.
2. **Zeige an drei möglichst verschiedenen Beispielen, was du verändert hast, und begründe deine Veränderungen. Verwende** für deine Begründung **Fachbegriffe**.

VORSICHT FEHLER!

„Geschnappt – Diebstahl während der Schuldisko
(1) Am letzten Freitag ist bei unserer Schuldisse inner big Turnhalle was voll Krasses passiert. (2) Es war wie jede Woche Schuldisse vonner 8.-11. Klasse. (3) Full House: viele Leute, voll abgedanct und echt fun gehabt. (4) Auf einmal hörte man jemanden schreien: „Meine Knete ist weg, jemand muss sie geklaut haben.“ (5) Alle Teacher waren alarmiert und liefen wie die aufgeschreckten Hühner umher. (6) Ich wollte gerade an die frische Luft zum Chillen, weil ich hing gerade voll groggy vom Abdancen in den Seilen, da krieg ich voll 'nen Schlag ab. (7) Ich sah noch, wie sich irgend son Typ – noch nie gesehen – vom Acker macht. (8) Ich brüll natürlich sofort: „Da läuft der Dieb, ihm nach!“, und alle hinterher. (9) André B., weil der ist voll der Kracher in Sport und Schulsprintmeister, hechtet als Erster los und holt ihn kurz hinterm Schultor ein und schmeißt sich voll Karacho auf ihn. (10) Der Hesse, unser megacooler Sportlehrer, auch schon da, führte den Dieb ins Lehrerzimmer ab und rief die Bullerei. (11) Die standen 10 Minuten später auf der Matte und nahmen den Typen mit. (12) Der Kerl hatte voll fette Beute gemacht, weil es waren noch drei Portmonees in seiner Jacke. (13) Und von wegen Unbekannter: Schon bei der Schuldisse am Einstein ist er erwischt worden. (14) Laut Angabe der Polizei wird der bestimmt zur Jugendstrafe verknackt.“

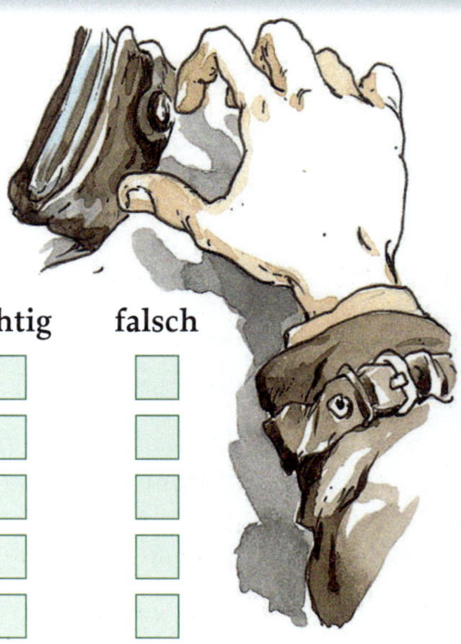

## A Die Aufgabe verstehen

**1** *Kreuze an.*

| Du sollst ... | richtig | falsch |
|---|---|---|
| a) ... einen ganz neuen Bericht über den Vorfall schreiben. | ☐ | ☐ |
| b) ... den Text für die Zeitung in Schülersprache umschreiben. | ☐ | ☐ |
| c) ... den Text kürzen und in Standardsprache umformulieren. | ☐ | ☐ |
| d) ... den Text Satz für Satz in die Standardsprache übersetzen. | ☐ | ☐ |
| e) ... alle deine Veränderungen unterstreichen und nennen. | ☐ | ☐ |
| f) ... jede einzelne Veränderung ausführlich erläutern. | ☐ | ☐ |
| g) ... drei verschiedene Veränderungen deiner Wahl begründen. | ☐ | ☐ |

## B Stoff sammeln – Ideen entwickeln

**1** *Worum geht es in dem Bericht? Vervollständige folgende Satzanfänge.*

a) Der Bericht handelt von ______________________________

______________________________.

b) Alissa hat beobachtet, wie ______________________________

______________________________.

c) Der Dieb konnte gefasst werden, indem ______________________________

______________________________.

**2** *Unterstreiche alle sprachlichen Phänomene zu Satzbau, Grammatik, Wortwahl und Stil, die unangemessen sind, farbig im Text. Verwende unterschiedliche Farben.*

**3** *Liste jeweils zwei Beispiele mit der jeweiligen Satznummerierung auf.*

Satzbau: Satz Nr. 6: ... weil ich war gerade ...; ______________________________

______________________________

______________________________

Wortwahl und Stil: Satz Nr. 2: Schuldisse; ... ______________________________

______________________________

Grammatik: ______________________________

______________________________

______________________________

## C Übungen

### Fachbegriffe benutzen

**1** *a) Was weißt du über Jugendsprache? Kreuze die richtige Aussage an.*

**Jugendsprache ist ...**

a) ☐ ... ein Dialekt. b) ☐ ... ein Soziolekt. c) ☐ ... Standardsprache. d) ☐ ... nichts Besonderes.

**2** *Welche der Aussagen ist sicher **falsch**?*

a) ☐ Die Sprache der Jugendlichen wandelt sich fast täglich, *die* Jugendsprache gibt es nicht.
b) ☐ Jugendliche sprechen ihre eigene Sprache, um sich von den Erwachsenen abzugrenzen.
c) ☐ Jugendsprache spielt eher im schriftlichen Sprachgebrauch eine Rolle als im mündlichen.
d) ☐ Umgangssprache und Jugendsprache beeinflussen einander (z. B. Satzbau, Modewörter ...).

**3** *a) Kennst du die Fachbegriffe links? Ordne sie den Erklärungen und den Beispielen zu.*

| Fachbegriff | Erklärung | Beispiel |
|---|---|---|
| (1) Superlativ | A englische Begriffe, oft in gebeugter Form | fette Beute |
| (2) Metapher | B unvollständiger Satz durch Auslassung eines Satzgliedes, Wortes, Wortteiles | ... und alle hinterher |
| (3) Verschmelzung | C höchste Steigerungsform | abgedanct |
| (4) Ellipse | D z. B. falsche Stellung der finiten Verbform | voll |
| (5) Anglizismus | E Bedeutungsübertragung aus einem fremden Bildbereich (viel Kohle haben, noch die Kurve kriegen, Motorhaube) | ..., weil ich war gerade ... |
| (6) fehlerhafter Satzbau | F Verbindung von Präposition und Artikel | inner |

*b) Finde je zwei weitere Beispiele aus dem Text. Fallen dir aus deinem eigenen Wortschatz noch Beispiele ein?*

Superlativ: ______________________________

Metapher: ______________________________

Verschmelzung: ______________________________

Ellipse: ______________________________

Anglizismus: ______________________________

fehlerhafter Satzbau: ______________________________

## Neologismen und Metaphern übersetzen

**4** *Jugendsprache dient der Abgrenzung, auch untereinander. Wer „eine Sprache spricht", prägt die gemeinsame Sprache durch Wortneuschöpfungen (Neologismen) und gewagte Metaphern.*
*a) Unterstreiche im folgenden Dialog Metaphern und Neologismen, die dir auffallen.*
*b) Was bedeuten sie? Notiere treffende „Übersetzungen" in Standardsprache am Rand.*

**Chris:** Ey, Alter, war echt cool die Party gestern. Oder?

**Tim:** Klaro, war 'ne voll fette Fete. Haste mich mit der Perle gesehen? War echt scharf, die Kleine. Geiles Aussehen, rattenscharfe Klamotten. Da bin ich echt schwach geworden. Ich hab gleich 'nen Date mit der Schnecke.

**Chris:** Hm, ich denk, du hast schon 'ne Freundin?

**Tim:** Gehabt, mit der lief's nich mehr so. Die steht jetzt auf 'nen andern Typen, so 'nen Softi mit viel Kohle und scharfem Bike. Mit dem Macker kann ich nich mithalten. Muss ich mich eben nach 'ner anderen Flamme umsehn.

**Chris:** Hey, immer Ball flachhalten, Meister. No Panic, immer cool bleiben.

## Anglizismen erkennen und vermeiden

**5** *Oft werden englische Begriffe in deutsche Sätze eingefügt oder darüber hinaus wie deutsche Verben konjugiert (z. B. ich **shoppe**) oder wie deutsche Adjektive dekliniert (z. B. die **coole** Party).*
*a) Unterstreiche alle Anglizismen im folgenden Gespräch.*
*b) Was bedeuten die Begriffe? Notiere am Rand die Übersetzung.*

**Tim:** Das sagste so easy. Es ist aber nicht leicht, die coolen Mädels abzuchecken. Zweimal die Woche gehe ich in 'ne Disko abhängen, aber die Beautys sind meist schon vergeben oder labern nur blöd rum ... Und? Irgendwelche News bei dir?

**Chris:** Jau. Bin total happy. Hab' gerade erfahren, dass ich ins Ausland gehen kann. Schüleraustausch. Paris. Mann, geil! Ich kann's immer noch nicht fassen. Ab Juli bin ich weg und tschüss. Ich schreib dir dann mal 'ne Mail, okay?

**Tim:** Yes, sir! Sorry, muss jets los. Mein Babe wartet bestimmt schon. Wir können ja mal chatten?!

**Chris:** Okay, bin heute Abend online. Bye ...

## Auf korrekten Satzbau achten

**TIPP**

In der gesprochenen Umgangssprache werden Konstruktionen oft nicht korrekt beendet; das gilt insbesondere für Nebensätze. Kausalsätze, eingeleitet durch „weil“, müssten korrekt so lauten:
□ **Beispiel:** (einleitende **Konjunktion**, finites Verb, *infinites Verb, z. B. Partizip*)
Ich *kaufe* mir die DVD nicht, **weil** ich noch nicht genug Geld dafür *gespart* habe. (Nebensatz)
Ich *kaufe* mir die DVD nicht, **denn** ich habe noch nicht genug Geld dafür *gespart*. (Hauptsatz)
Im Nebensatz steht das finite Verb immer an der letzten Stelle, im Hauptsatz an der zweiten Stelle.

**6** *Verbessere folgende Sätze mit Hilfe des Tippkastens. Achte auf die Stellung des finiten Verbs.*

a) Julia hat sich auf die Pause gefreut, weil ihr Schwarm hat sich mit ihr verabredet.

______________________________

______________________________

b) Ich hab richtig miese Laune, weil ich bin heute hochkant aus dem Unterricht geflogen.

______________________________

______________________________

c) Falsche „weil-Sätze“ sind schon einmalig, obwohl mit anderen Konjunktionen geht das auch.

______________________________

______________________________

## Überarbeitungen begründen

**7** *Die folgende Überarbeitung kann man an drei Stellen noch verbessern. Unterstreiche die Stellen.*

(1) Am letzten Freitag ist während unserer Schuldiskothek in der großen Turnhalle etwas voll Aufregendes passiert. (2) Wie jede Woche fand sie dort von der 8. bis 11. Klasse statt. (3) Das Haus war voll, viele Schülerinnen und Schüler tanzten und hatten wirklich Fun dabei. (4) Auf einmal hörte man jemanden schreien: „Meine Knete ist weg, jemand muss sie gestohlen haben."

**8** *Ergänze die Tabelle: Formuliere einen Überarbeitungsvorschlag und benenne den sprachlichen Mangel durch einen Fachbegriff.*

| Originalformulierung | Veränderungsvorschlag | Fachbegriff / „Mangel" |
|---|---|---|
| etwas voll Aufregendes | etwas ... | Superlativ d. Jugendsprache |
| | | |
| | | |

**9** *Begründe deine Überarbeitung mit Hilfe der Tabelle in deinem Heft. Du kannst so beginnen:*

Ich würde den Ausdruck „etwas voll Aufregendes" ersetzen durch den standardsprachlichen Ausdruck „etwas ________________", weil ...

# D Den Schreibplan erstellen

**1** *Verschaffe dir Überblick über den Überarbeitungsbedarf im Text. Lege dazu auf einem DIN-A4-Blatt folgende Tabelle an:*

| Jugendsprache (Originalton) | Verbesserungsvorschlag | „Mangel" / Fachbegriff |
|---|---|---|
| voll, echt ..., ... | viel, äußerst, | Superlativ d. Jugendsprache |
| | | Verschmelzung |
| | | Ellipse |
| | | Anglizismus |
| | | fehlerhafter Satzbau |
| | | Metapher |
| | | Neologismus |

**Hinweis**

Nicht alle jugendsprachlichen Ausdrücke lassen sich eindeutig einem fachsprachlichen Begriff zuordnen (z. B. verknackt, vom Acker machen).

**2** *Überarbeite nun den ganzen Text und begründe drei Veränderungen deiner Wahl.*

# E Den eigenen Text überarbeiten

**1** *Erkennst du umgangssprachliche Begriffe? Schlage folgende Begriffe in einem Wörterbuch nach und bestimme, ob sie standardsprachlich oder umgangssprachlich sind. Kreuze an.*

| | gegebenenfalls „Übersetzung“ | standard-sprachlich | umgangs-sprachlich |
|---|---|---|---|
| a) verheult | | ☐ | ☐ |
| b) verhökern | | ☐ | ☐ |
| c) Gefeilsche | | ☐ | ☐ |
| d) ausflippen | | ☐ | ☐ |
| e) Gegacker | | ☐ | ☐ |

**2** *Die folgende Begründung lässt sich verbessern. Markiere zunächst Wiederholungen.*
*a) Finde geeignete Satzanfänge im Wortspeicher über dem Text und variiere die Satzanfänge.*
*b) Tausche mit Hilfe des Wortspeichers unter dem Text Verben aus, die sich wiederholen.*
*c) Gibt es weitere Wiederholungen, die du durch Umstellen oder Ersetzen vermeiden kannst?*

**Wortspeicher**

verändern ergänzen austauschen umschreiben hinzufügen verwenden benutzen

VORSICHT FEHLER!

Ich habe in Satz 6 die fehlerhafte Satzkonstruktion „weil ich hing gerade voll groggy“ ersetzt durch die richtige Satzkonstruktion „weil ich gerade voll groggy in den Seilen hing“, weil das ein Nebensatz ist. Ich habe in Satz 6 das Wort „groggy“ durch den standardsprachlichen Begriff „ermüdet“ ersetzt, weil das ein Anglizismus ist. Ich habe in Satz 6 den Superlativ „voll“ durch „sehr“ ersetzt, weil das umgangssprachlich ist.

**Wortspeicher**

danach ebenso zuerst ferner außerdem dann schließlich

**3** *Überarbeite deinen eigenen Text mit Hilfe der folgenden Checkliste.*

## ☑ Checkliste „Einen Text überarbeiten und die Änderungen begründen“

| **Hast du ...** | + | − |
|---|---|---|
| ☐ ... den Originaltext vollständig in Standardsprache übertragen? | ☐ | ☐ |
| ☐ ... alle Anglizismen, Metaphern und Neologismen ersetzt? | ☐ | ☐ |
| ☐ ... alle fehlerhaften und unvollständigen Sätze ergänzt? | ☐ | ☐ |
| ☐ ... alle umgangssprachlichen Begriffe und Verschmelzungen korrigiert? | ☐ | ☐ |
| ☐ ... im Wörterbuch geprüft, ob es sich um Umgangssprache handelt? | ☐ | ☐ |
| ☐ ... drei verschiedene Veränderungen ausgewählt und begründet? | ☐ | ☐ |
| ☐ ... die ausgewählten Mängel durch Fachbegriffe benannt? | ☐ | ☐ |
| ☐ ... in der Begründung abwechslungsreiche Formulierungen gewählt? | ☐ | ☐ |
| ☐ ... deine Arbeit auf Rechtschreibung und Zeichensetzung überprüft? | ☐ | ☐ |

# *Ulrich Stock:* Der geborene Werbeträger – Einen Sachtext analysieren

1. **Analysiere den Text „Der geborene Werbeträger" von Ulrich Stock. Gehe dabei folgendermaßen vor:**
   – Fasse die Aussagen des Textes kurz zusammen und nenne die Position des Autors.
   – Beschreibe den Textaufbau und die sprachlichen Mittel, mit denen der Autor seine Position unterstützt.
2. **Bewerte die Position, die Ulrich Stock einnimmt.**

Ulrich Stock

## Der geborene Werbeträger 2001

**Soll ein Kind wie eine Limonade heißen? Oder wie eine Dosensuppe? Oder das Hamburger Fußballstadion wie eine Internet-Firma? Ein Widerspruch**

Jason Black und seine Frau Frances aus Mount Kisco bei New York freuen sich über die Geburt ihres dritten Kindes; und wir gratulieren von dieser Stelle aus recht herzlich. Es ist ein Junge, geboren am 27. Juli 2001, und er heißt, er heißt – ja, wie er heißt, das wollten die Blacks nicht selbst entscheiden. Sie boten den Vornamen über eBay und Yahoo zur Versteigerung im Internet an. Mindestgebot: 500 000 Dollar. Ein großer Konzern sollte zugreifen: Lebenslange Werbung gegen einmalige Zahlung.

500 000 Dollar, ein Haus für die Familie, eine Kindheit frei von wirtschaftlicher Not. Und das wäre wunderwunderschön, denn mit dem Einkommen von Vater Jason, 32, Internet-Redakteur in Manhattan, nicht zu bewerkstelligen. Baby Black hätte also Kraft heißen können oder Mars oder Coke oder – Hoffnung der Mutter – Campbell, wie die Dosensuppe, die einst Andy Warhol[1] Modell stand.

Ein Scherz, das alles? Nein, wirtschaftliche Logik. Große Konzerne, die den Raum und die Zeit beherrschen, indem sie auf allen Erdteilen und 365 Tage lang rund um die Uhr operieren, sie greifen sich jetzt das nächste verfügbare Gut: die Identität[2].

Skeptiker[3] könnten hier einwenden, nicht den Blacks sei ein unsittliches Angebot gemacht worden, die Eltern selbst hätten die Idee gehabt. Das stimmt. Freilich haben sie nur Gespür für einen Trend bewiesen. Eine stichprobenartige Erhebung des Internet-Anbieters americanbaby.com ergab: Von 600 Eltern würden 21 Prozent den Namen ihres Kindes für Geld hergeben, weitere 28 Prozent würden es immerhin erwägen.

Ob sich heute oder morgen ein Konzern findet, scheint weniger eine Frage des Gewissens als der gewissenhaften Kalkulation. Wie viele Kontakte bringt ein Markenvorname über die Jahre? Rechnet sich das? Und wäre die zu erwartende öffentliche Empörung über die Taufe der Sache abträglich oder sogar förderlich? Das alles will erwogen und in

Businesspläne eingearbeitet sein. Vielleicht hätten sich die Blacks etwas früher melden sollen? Andererseits: Welches Unternehmen kauft schon eine Katze im Sack? Nur ein gesundes Kind ist als Werbefläche interessant.

Wenn das Kind unter der Geburt Schaden genommen hätte, wäre ein Konzern wie Microsoft von vornherein nicht an ihm interessiert gewesen. Frei von Beeinträchtigungen muss so eine kleine Software bei der Auslieferung sein, Exzellenz ist die Voraussetzung für alles Weitere; schöner Name übrigens: Excel.

Auch in Hamburg stand dieser Tage ein Name zum Verkauf. Der gehörte allerdings keinem Kind, sondern einer Riesenschüssel und hat zudem schon den Besitzer gewechselt. Volksparkstadion – so hieß seit vier Jahrzehnten die Spielstätte des Fußballbundesligisten HSV. Für insgesamt 30 Millionen Mark trägt das Stadion in den nächsten fünf Jahren den Namen „AOL-Arena". Der Vereinsvorstand jubiliert, endlich Geld für den Ankauf neuer Spieler! Die Fans sind verunsichert. Wofür steht AOL? „Lieber ***A***merica ***O***n ***L***ine als ***A***mateur ***O***ber ***L***iga", meinen die einen. „***A***lles ***O***hne ***L***iebe zu Tradition und Kultur geopfert", meinen die anderen.

Was hat der weltweit operierende Internet-Riese AOL mit dem HSV zu schaffen? Was wird nach Ablauf des Fünfjahresvertrages? Soll die AOL-Arena dann, wie ein Leser des *Hamburger Abendblatts* befürchtet, „Corega-Tabs-Stadion" heißen? Hatte das Volksparkstadion nicht irgendwann nach „uns Uwe" Seeler benannt werden sollen, Hamburgs beliebtestem Fußballveteranen[4]? „Vielleicht benennen sie jetzt ein Kassenhäuschen nach ihm", vermutet ein enttäuschter Anhänger.

An beißendem Spott des Publikums fehlt es nicht. Der *Abendblatt*-Leser J. R. Prüß: „Hiermit gebe ich bekannt, dass der Wäschetrockenbereich in meinem Garten nicht mehr Wäschetrockenbereich heißt, sondern T-Shirt-Online-Arena. Dafür habe ich 30 Mark bekommen, die ich in die Verstärkung meines Gartenzwergteams investiere."

„Das lässt mich ganz kalt", sagt HSV-Chef Hackmann. Ihn ärgert der Sportchef der *Bild*-Zeitung, der die AOL-Arena weiterhin Volksparkstadion nennt. Was Hackmann daran ärgert, ist inzwischen auch durchgesickert: In der Vereinbarung zwischen AOL, dem Vermittler Ufa und dem HSV sollen Provisionen vorgesehen sein, deren Höhe davon abhängt, wie häufig AOL in der Presse erwähnt wird. Sprechen HSV-Mitarbeiter versehentlich weiterhin vom Volksparkstadion, sollen sogar Vertragsstrafen von 1000 Mark an aufwärts fällig werden – so wird es jedenfalls unter www.hsv-supporters.de diskutiert.

Während die Fans an dem großen Deal noch zu schlucken haben, denkt der HSV-Chef in Zeitungsinterviews schon über die Umwandlung der Bundesliga in eine „Coca-Cola-Liga" nach. An seiner Seite Uli Hoeneß, Manager des FC Bayern: „Wenn die eine Milliarde Mark bezahlen, mache ich mit."

1000 Millionen Mark soll also kosten der Name für des Deutschen liebstes Kind, 1,14 Millionen Mark der Name für das Kind von Mr. Black. Für den Titel der Deutschen Bundesliga könnte sich ein Konzern 877 Kindernamen leisten. Wo wäre das Geld besser angelegt? Muss man einfach mal alles durchrechnen. Kann sein, dass der Kinderpreis zu hoch ist. Vielleicht hat deshalb bei den Blacks noch keiner zugeschlagen.

*gekürzt aus: DIE ZEIT, 16. 8. 2001*

1 **Andy Warhol:** berühmter Künstler aus New York (1928–1987)
2 **Identität:** Unverwechselbarkeit, Einzigartigkeit, Echtheit einer Person oder Sache
3 **Skeptiker:** Zweifler, Pessimist, Kritiker
4 **Veteran:** alt gedienter Soldat, erfahrener (Vor-)Kämpfer

## A Die Aufgabe verstehen

**1** *Markiere in den beiden Teilaufgaben auf Seite 40 die Schlüsselbegriffe.*

**2** *Welche Arbeitsschritte gehören zur Aufgabe? Kreuze an.*

| Nr. | Du sollst in deinem Aufsatz ... | richtig | falsch |
|---|---|---|---|
| ☐ | a) ... die jüngere Geschichte eines Bundesligavereins nacherzählen. | ☐ | ☐ |
| ☐ | b) ... den Inhalt des gesamten Textes zusammenfassend wiedergeben. | ☐ | ☐ |
| ☐ | c) ... aufzeigen, wie der Autor seine Meinung sprachlich deutlich macht. | ☐ | ☐ |
| ☐ | d) ... erörtern, ob Kinder an große Firmen verkauft werden sollten. | ☐ | ☐ |
| ☐ | e) ... die Position des Autors mit Argumenten und Beispielen widerlegen. | ☐ | ☐ |
| ☐ | f) ... angeben, wogegen sich der „Widerspruch" des Autors richtet. | ☐ | ☐ |
| ☐ | g) ... die Wirkung von Textaufbau und Gedankengang darstellen. | ☐ | ☐ |
| ☐ | h) ... abschließend selbst Stellung zur Position des Autors nehmen. | ☐ | ☐ |
| ☐ | i) ... sagen, was du von Namen wie z. B. der AOL-Arena hältst. | ☐ | ☐ |

**3** *Welche **Zeitform** wirst du bei dieser Aufgabenstellung wohl **überwiegend** nutzen?*

a) ☐ Präteritum  b) ☐ Perfekt  c) ☐ Präsens  d) ☐ Futur

**4** *Überlege dir nun, in welcher Reihenfolge du vorgehen solltest. Nummeriere die Arbeitsschritte entsprechend.*

## B Erstes Textverständnis

### Provokant formuliert – auf Titel und Untertitel achten

**1** *Bereits im Untertitel des Zeitungsartikels werden zwei Beispiele für das Problem genannt, das der Autor darstellen will. Welche sind das? Markiere sie mit verschiedenen Farben.*

**2** *An welcher Stelle im Text werden die Beispiele wieder aufgegriffen? Markiere die Passage farbig. Ergänze folgende Aussagen:*

In den Zeilen ______ bis ______ geht Ulrich Stock näher ein auf ... ______.

In den Zeilen ______ bis ______ befasst sich der Autor dann mit ... ______.

### Der Autor hat das letzte Wort – den Schluss verstehen

**3** *a) Überlege, was mit den folgenden Zeilen am Ende des Textes gemeint sein könnte:*

1000 Millionen Mark soll also kosten der Name **für des Deutschen liebstes Kind**, 1,14 Millionen Mark der Name für das **Kind** von Mr. Black. Für den Titel der Deutschen Bundesliga könnte sich ein Konzern 877 **Kind**ernamen leisten. Wo wäre das Geld besser angelegt? Muss man einfach mal alles durchrechnen. Kann sein, dass der **Kind**erpreis zu hoch ist.

*b) Entscheide: Das nüchterne Rechenbeispiel des Autors am Ende soll verdeutlichen, ...*

a) ☐ ... dass Mr. Black bei der Namensversteigerung einfach einen zu hohen Preis gefordert hat.

b) ☐ ... dass die Firmen Millionen zahlen, damit Fußballvereine ihren Namen bekannt machen.

c) ☐ ... dass der Preis für Werbeflächen nach Größe und Bedeutung kalkuliert werden muss.

d) ☐ ... wie absurd es ist, die Wertschätzung eines Menschen in Geld bemessen bzw. ausdrücken zu wollen.

# C Übungen

## Den Textaufbau erkennen

**1** *Was haben die beiden Beispiele aus dem Text gemeinsam? Lege dazu eine Mind-Map an.*
*a) Notiere zunächst das gemeinsame* ***Problem****, um das es in beiden Beispielen geht.*
*b) Ordne den beiden Hauptästen „Kind" und „Stadion" dann Stichworte zu, die verschiedene Aspekte des Themas beinhalten.*

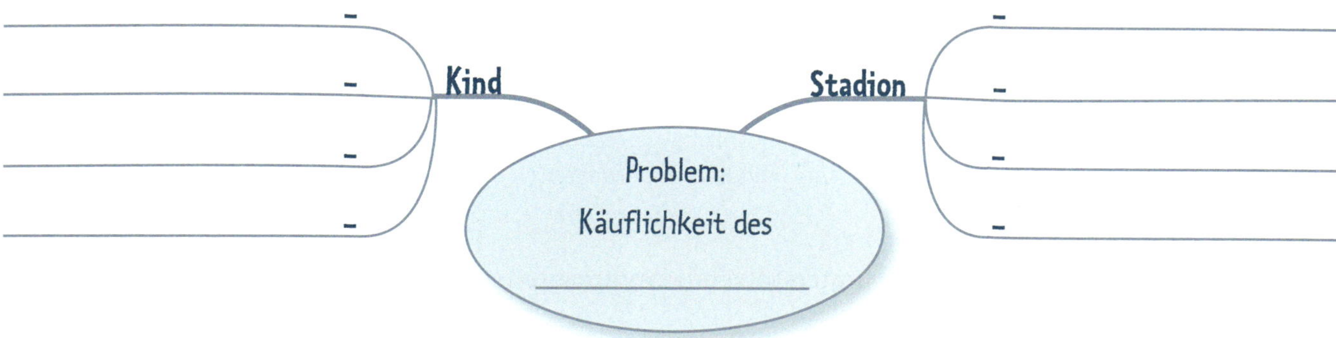


## Sprachliche Besonderheiten erkennen und ihre jeweilige Funktion klären

**2** *Kläre, welche Wirkung der Autor mit einigen auffälligen Formulierungen erzielt.*
*a) Ordne den Zitaten aus dem Text durch Linien die passenden Fachbegriffe zu.*
*b) Überlege, welche Wirkung bzw. Funktion beabsichtigt ist. Ordne auch sie durch Linien zu.*

| Zitat (Zeilenangabe) | Fachbegriff | Wirkung bzw. Funktion |
|---|---|---|
| A *„Ein Scherz das alles? Nein …"* (Z. 14) | *Metapher (Nomen)* | (1) bringt auf den Punkt, dass Gewissensfragen keine Rolle spielen bzw. sogar wirtschaftlichen (im Sinne des Autors gewissenlosen) Motiven entgegenstehen |
| B *„auf allen Erdteilen und 365 Tage lang rund um die Uhr"* (Z. 15) | *Wortspiel* | (2) die Zusammenstellung beider Nomen zu einem Wort soll provozieren und Protest hervorrufen |
| C *„… ein gesundes Kind … als Werbefläche"* (Z. 27–28) | *rhetorische Frage* | (3) die bildliche Übertragung der Eigenschaften eines Produktes auf ein Kind offenbart, dass menschliche „Fehler" in der Wirtschaft nicht toleriert werden (unmenschliches System) |
| D *„… das Kind …" – „so eine kleine Software"* (Z. 29 ff.) | *Wortzusammensetzung* | (4) das Adjektiv aus einem anderen Bildbereich macht deutlich, dass die Kritik sehr heftig ausfällt, sodass die folgende Wiedergabe der Kritik verstärkt wird |
| E *„An beißendem Spott … fehlt es nicht."* (Z. 47) | *Aufzählung* | (5) die Scheinfrage enthält zwar schon die Antwort, sie verleiht der Frage jedoch mehr Gewicht, indem sie trotz vorhersehbarer Antwort gestellt wird |
| F *„… dass der Kinderpreis zu hoch ist."* (Z. 65–66) | *Gleichsetzung* | (6) der gewagte Vergleich mit einem Gegenstand unterstreicht, dass das Kind als reines Werkzeug betrachtet wird |
| G *„… weniger eine Frage des Gewissens als der gewissenhaften Kalkulation."* (Z. 22–23) | *Metapher (Adjektiv)* | (7) die drei Aspekte (alles, jederzeit und überall) sollen die grenzenlose Macht großer Konzerne veranschaulichen |

## Über die Position des Autors nachdenken

**3** *Welche Position vertritt der Autor? Markiere im Text Formulierungen, an denen deutlich wird, wie Ulrich Stock die dargestellten Sachverhalte bewertet.*

**4** *Kennzeichne am Rand jeweils mit ⊕ oder ⊖, ob du der gleichen oder anderer Meinung bist.*

## Eine Stellungnahme vorbereiten

**5** *a) Lege in deinem Heft eine Tabelle nach dem Muster unten an. Übertrage in die linke Spalte die Standpunkte, die du im Text gefunden hast. Formuliere sie in deinen eigenen Worten.*
*b) Ergänze dann in Stichworten eigene Pro- oder Kontra-Argumente, die Stocks Haltung unterstützen oder ihr widersprechen. Nutze dafür deine Plus- und Minus-Markierungen.*

| Position des Autors | PRO (unterstützende Argumente) | KONTRA (Gegenargumente) |
|---|---|---|
| Stock hält den Verkauf eines Kindesnamens für unsittlich. | Kind wurde gar nicht gefragt<br>... | ... |
| Stock sieht den Verkauf eines Stadionnamens an einen großen Konzern ... | ... | ... |

## D Den Schreibplan erstellen

**1** *Plane nun grob deinen Aufsatz. Ordne zu, welche Inhalte am besten in der Einleitung (E), im Hauptteil (H) bzw. im Schluss (S) aufgehoben sind – und in welcher Reihenfolge.*

**2** *Welche der Aussagen stellt die zutreffendste Einleitung in das Thema dar? Kreuze die entsprechende Aussage an.*

Ulrich Stocks Beitrag „Der geborene Werbeträger", 2001 in der „ZEIT" erschienen, zeigt auf, dass ...

a) ☐ ... moderne Eltern ihre Kinder heute aus Not an die Werbeindustrie verkaufen.

b) ☐ ... die Werbewirtschaft immer wieder durch originelle Ideen auffällt.

c) ☐ ... der Verkauf von Werbeflächen fragwürdige Formen angenommen hat.

d) ☐ ... die großen Konzerne viel Geld ausgeben müssen, um für sich zu werben.

**3** *Formuliere nun einen Entwurf für den Hauptteil auf einem gesonderten DIN-A4-Blatt. Greife auf deine Vorarbeiten aus Teil B, C und D zurück und nutze auch den Wortspeicher:*

**Wortspeicher**

Der Autor zeigt zunächst am Beispiel eines neugeborenen Kindes, ...
Stock führt dann ein zweites Beispiel an: ...
In beiden Fällen weist der Autor nach, dass ...
Der Text ist so aufgebaut, dass zunächst ...
Im Folgenden werden mit Hilfe von weiteren Argumenten / Beispielen ...
Als Abschluss / Höhepunkt / Pointe steht ...
Stock verwendet in seinem Artikel einige sprachliche Besonderheiten, ...
Auffällig sind / ist ..., außerdem häufen sich ..., ebenso werden ... benutzt,
Diese sprachlichen Mittel verdeutlichen / betonen / unterstreichen, dass ... .
Die Wirkung / Funktion des sprachlichen Mittels besteht darin, ...

**4** *Setze dich im Schlussteil mit der Meinung auseinander, die Stock vertritt. Wie lautet die Position? Benenne sie mit eigenen Worten und notiere hier in Stichpunkten deine Position:*

Ulrich Stock vertritt in dem Beitrag die Position, dass ________________

________________________________

Ich kann Ulrich Stocks Meinung ganz und gar teilen / kann sie teilweise nachvollziehen / widerspreche seiner Auffassung: ________________

________________________________

## E Den eigenen Text überarbeiten

**1** *Im folgenden Textauszug wird die indirekte Rede nicht korrekt verwendet. Verbessere die entsprechenden Verbformen mit Hilfe der Regeln auf Umschlagklappe 3.*

VORSICHT FEHLER!

Der Autor weist darauf hin, dass nicht alle von der Umbenennung gleichermaßen begeistert sind: Der Vereinsvorstand jubiliert, aber die Fans sind verunsichert und das Publikum reagiert mit beißendem Spott. Und während die Fans an dem großen Deal noch zu schlucken haben, denkt der HSV-Chef Hackmann laut Stock sogar schon über die Umbenennung der Bundesliga nach. Und wenn alles nur eine Frage des Geldes ist, wundert es nicht, dass der Autor mit der Vermutung provoziert, dass der Kinderpreis zu hoch ist und deshalb noch niemand bei den Blacks zugeschlagen hat.

### ✔ Checkliste „Sachtextanalyse“

| **Kreuze an. Hast du ...** | + | – |
|---|---|---|
| ☐ ... alle Arbeitsschritte der Aufgabenstellung bearbeitet? | ☐ | ☐ |
| ☐ ... in der Einleitung Autor, Titel, Quelle, Erscheinungsjahr genannt? | ☐ | ☐ |
| ☐ ... die Themenstellung des Textes treffend wiedergegeben? | ☐ | ☐ |
| ☐ ... den Inhalt kurz in eigenen Worten zusammengefasst? | ☐ | ☐ |
| ☐ ... erklärt, wie der Text aufgebaut ist? | ☐ | ☐ |
| ☐ ... sprachliche Besonderheiten zitiert und deren Wirkung aufgezeigt? | ☐ | ☐ |
| ☐ ... die Position des Autors benannt und dazu Stellung genommen? | ☐ | ☐ |
| ☐ ... auf korrekte Rechtschreibung und Zeichensetzung geachtet? | ☐ | ☐ |
| ☐ ... durchweg im Präsens geschrieben und sinnvolle Absätze eingehalten? | ☐ | ☐ |

# *Willi Fährmann:* Die letzte Fähre – Eine Erzählung analysieren

1. **Analysiere die Erzählung „Die letzte Fähre" von Willi Fährmann.** Gehe so vor:
   – Fasse den Inhalt kurz zusammen.
   – Beschreibe das Verhalten der Figuren, besonders das Verhalten von Christian.
   – Erläutere den Vergleich von Schmidtbauer: „Du warst wie ein Lamm im Wolfspelz" (Z. 69).
2. **Beurteile das Verhalten von Christian.**

Willi Fährmann

## Die letzte Fähre 1986

*Die Geschichte spielt im April 1933 in Deutschland. Adolf Hitler ist an die Macht gekommen. Der Hitlergruß kennzeichnet seine Anhänger, die Nationalsozialisten. Bewaffnete und uniformierte Männer der Sturmabteilung (SA) terrorisieren alle, die sich gegen Hitler aussprechen. Besonders Juden zählen zu ihren Opfern: Sie werden öffentlich beschimpft, bedroht, ihre Geschäfte werden demoliert und geplündert. Als auch bei Vater Mandelbaumer eingebrochen wird, sorgt er sich um das Leben seiner Tochter Elfie und schickt sie mit einem Koffer voll Geld nach Holland. Christian, ein Freund der Familie, begleitet sie bis zu einem Fluchthelfer, Herrn Schmidtbauer, der sie über die Grenze bringen soll. Nur den Rhein müssen sie noch überqueren. Es ist die letzte Überfahrt an diesem Tag, aufziehender Nebel verschlechtert die Sicht.*

Der Fährmann hatte sich auf dem Steuerhaus hinter dem Steuerruder niedergehockt, hielt das Kinn in die Hände gestützt und schaute auf den Fluss. Der Junge unterhielt sich leise mit einigen Fahrgästen, die wohl zu den Leuten gehörten, die regelmäßig die Fähre benutzten. „Ihr seid spät dran heute", sagte er zu zwei Männern in weißen Arbeitsanzügen. Christian wurde erst aufmerksam, als der jüngere der beiden ziemlich laut antwortete: „Viel zu tun in diesen Tagen. Im Kaufhaus haben sie alle Schaufensterscheiben zerschlagen und geplündert haben sie auch." „Ja, endlich geht's den Juden an den Kragen", mischte sich der Kutscher ein. „Wird auch höchste Zeit, dass das Pack eins auf die Nase kriegt." „Eine Schande ist das, was sie mit den Leuten machen", widersprach die ältere Frau, die neben Elfie und Christian stand, doch sie sagte das so leise, dass wohl nur wenige sie verstehen konnten. „Hör nicht hin", flüsterte Christian Elfie zu. Er legte ihr den Arm um die Schultern und spürte ihr Zittern. Er wollte sie trösten, aber was sollte er sagen?

Der Fährmann stand auf und rief dem Jungen zu: „Theo, mach die Taue los. Es wird Zeit für uns." Genau in diesem Augenblick fuhren sie mit ihren Fahrrädern den Deich herab. Ungefähr ein Dutzend[1] SA-Leute wollte noch auf die Fähre. Die eisenbeschlagenen Stiefel knallten auf die Decksplanken. „Heil Hitler", riefen sie.

Sie drängten sich bis zu dem Fuhrwerk hindurch. Zwei junge Burschen standen dicht bei Elfie und Christian. Der ältere klemmte ein Transparent, auf dem in fetten Buchstaben stand: „Die Juden sind unser Verderben", zwischen die Gitterstäbe der Reling. Das Transparent behinderte die Sicht des Fährmanns ein wenig, doch der sagte nichts. „Wir haben denen in Wesel eingeheizt", rief ein ganz junger SA-Mann. „Und das war erst der Anfang. Läuse im Pelz muss man knacken." Die Frau, die kurz zuvor noch ihr Missfallen geäußert hatte, spie über die Reling ins Wasser, aber sie sagte nichts mehr. Der Dieselmotor wurde auf Touren gebracht, die Fähre legte ab. Sie ließ noch einen Schleppzug vorüber. Der Schlepper zog mit der Strömung an langen, durchhängenden Stahltrossen vier oder fünf tief liegende Kähne auf Holland zu. Sie zeichneten sich vor dem Damm schemenhaft ab. Als der Zug vorüber war, gab der Fährmann Gas.

Sie waren nicht mehr weit von der Stelle entfernt, an der das Wasser an das jenseitige Ufer prallte, da schrie der Junge: „Mensch, da schleppt er ja noch einen hinter sich her.“ Dicht unter dem Ufer, nur etwa fünfzig Meter stromauf, glitt der Schatten eines Lastkahns heran. Der Fährmann riss hart das Steuer herum, sodass die Bugspitze der Fähre gegen den Strom einschwenkte. Eine Frau schrie gellend auf. Einen Augenblick schien es, als ob das Unglück nicht mehr abzuwenden sei, aber dann schrammte der Kahn keinen halben Meter an der Fähre vorbei. Schon atmeten die Leute auf, da berührten sich die Schiffe und mit einem harten Stoß wurde die Fähre vom Heck des Kahns getroffen. „Schmah, Israel!“[2], entfuhr es Elfie. Ruhig drehte der Fährmann die Fähre wieder auf das Ufer zu. „Nichts passiert, Leute“, versuchte er die Fahrgäste zu beruhigen. Einer der SA-Leute drehte sich um, starrte Elfie an und fragte: „Was habe ich da eben gehört?“ „Nichts, nichts“, sagte Christian. „Sie ist eine Judengöre“, rief der SA-Mann jetzt laut. „Wieso denn?“, wollte die Frau neben Elfie wissen. Der ältere SA-Mann drängte sich heran. „Was ist?“, fragte er. „Sie hat gerade wie die Juden ihren Gott angerufen, Truppführer. Ich hab’s genau gehört. Schmah, Israel. Genau diesen Satz hat sie gesprochen!“ „Zeig deinen Ausweis“, forderte der SA-Führer Elfie auf. „Aber wieso denn?“, protestierte die Frau. „Halt die Klappe, Oma“, fauchte der Jüngere sie an. „Hast du wohl noch nicht gehört, dass die SA jetzt Polizeigewalt hat, was?“ „Ihr seid mir schöne Polizisten“, nörgelte die Frau. Elfie hatte inzwischen ihren Ausweis aus der Handtasche geholt und hielt ihn dem SA-Mann hin. Wenn Elfie ihren Koffer öffnen muss ... Wenn sie das viele Geld und den Brief finden, dann ist es aus, schoss es Christian durch den Kopf. Die Fähre war jetzt nur noch wenige Meter vom Ufer entfernt. Christian tuschelte Elfie zu. „Frag nicht lange und tu, was ich sage. Schnapp gleich deinen Koffer und lauf zu. Der Schmidtbauer steht mit seinem Motorrad schon am Steiger[3] und wartet auf uns.“ Der SA-Mann griff nach dem Ausweis, blätterte und rief: „Mandelbaumer, ein schöner Name für eine Judenschickse[4].“ Unmittelbar bevor die Fähre an Land glitt, ließ sich Christian über die Reling ins Wasser fallen. „Mann über Bord“, brüllte der Junge. Er riss den Rettungsring vom Haken und warf ihn ins Wasser.

Christian platschte mit seinen Händen auf das Wasser, versank und tauchte wieder auf, wurde von der starken Strömung am Prallhang von der Fähre weggetrieben und war schnell einige Meter entfernt. Er erwischte den Rettungsring nicht, schrie um Hilfe und ruderte verzweifelt, um nicht vollends zu versinken. Der jüngere SA-Mann streifte sein Braunhemd über den Kopf, zog hastig die Schuhe aus und setzte mit einem Hechtsprung Christian nach. Er erreichte ihn nach einigen kräftigen Kraulschlägen und schleppte ihn weit unterhalb der Anlegestelle ans Ufer. Niemand außer Elfie wusste, dass Christian ein ausgezeichneter Schwimmer war. Während alle gebannt der Rettungstat zuschauten, schlich sie sich heimlich von der Fähre.

Erst spät kam Christian beim Schmidtbauer an. „Meine Retter haben mich noch in ihr Stammlokal ‚Zur Post‘ geschleift“, sagte er. „Ich musste ihnen ein Bier und einen Schnaps ausgeben. Und ein Braunhemd hat der Wirt mir geliehen, bis meine Sachen halbwegs trocken waren.“ „Du warst wie ein Lamm im Wolfspelz“, lachte der Schmidtbauer. In der folgenden Nacht brachte er Elfie auf Schleichpfaden über die Grenze.

1 **Dutzend:** zwölf Mann
2 **Schmah, Israel:** Gebet der Juden (Höre, Israel ...)
3 **Steiger:** (hier) Anlegestelle
4 **Schickse:** Schimpfwort

# A Die Aufgabe verstehen

**1** *a) Markiere dir die Schlüsselwörter in den Aufgaben.*
*b) Was sollst du tun? Kreuze jeweils an:*

| Du sollst ... | trifft zu | trifft nicht zu | | trifft zu | trifft nicht zu |
|---|---|---|---|---|---|
| a) ... die Fährfahrt nacherzählen. | ☐ | ☐ | e) ... den Spannungsbogen darstellen. | ☐ | ☐ |
| b) ... die Erzählung zusammenfassen. | ☐ | ☐ | f) ... alle Figuren charakterisieren. | ☐ | ☐ |
| c) ... nur die SA-Leute charakterisieren. | ☐ | ☐ | g) ... die Stimmung an Bord darstellen. | ☐ | ☐ |
| d) ... Elfies Gefühlslage beschreiben. | ☐ | ☐ | h) ... Christians Verhalten bewerten. | ☐ | ☐ |

# B Erstes Textverständnis – Ideen entwickeln

**1** *Wie wirkt die dargestellte Situation auf dich? Notiere deinen ersten Eindruck nach dem Lesen.*

______________________________________________

______________________________________________

**2** *Lies die Geschichte nun gründlich durch. Markiere mit je einer Farbe alle die Stellen, die ...*

- *... die Hetze der SA-Männer gegenüber Juden deutlich machen (Farbe: ______________________),*
- *... die Reaktionen der Passagiere auf dieses Verhalten schildern (Farbe: ______________________),*
- *... das Verhalten des jüdischen Mädchens Elfie beschreiben (Farbe: ______________________),*
- *... Christians Gedanken, Gefühle und Reaktionen widerspiegeln (Farbe: ______________________).*

**3** *Wie schätzt du die Situation auf der Fähre für Elfie und Christian ein?*

| Die größten Gefahren bestehen darin, dass ... | richtig | falsch |
|---|---|---|
| a) ... der Fährmann durch das Plakat und den Nebel schlechte Sicht hat. | ☐ | ☐ |
| b) ... Christian sich nicht lange genug über Wasser halten kann. | ☐ | ☐ |
| c) ... ein Fährunfall und Elfies Entdeckung durch die SA drohen. | ☐ | ☐ |
| d) ... Elfie von der SA als Jüdin erkannt und ihre Flucht verhindert wird. | ☐ | ☐ |
| e) ... die SA-Männer das Geld für die Beute aus einem Bankraub halten. | ☐ | ☐ |
| f) ... eine Jüdin abends nicht in Männerbegleitung unterwegs sein darf. | ☐ | ☐ |

**4** *Versetze dich in Elfies und Christians Lage. Was geht ihnen wohl durch den Kopf, als im letzten Augenblick ein Dutzend SA-Männer auf die Fähre springt (Z. 15–17)? Formuliere ihre möglichen Gedanken und Gefühle.*

Elfie:

______________________________________________

______________________________________________

______________________________________________

______________________________________________

Christian:

______________________________________________

______________________________________________

______________________________________________

______________________________________________

# C Übungen

## Die Figuren charakterisieren

**1** *Welche Beschreibung trifft dem Text nach auf die SA-Männer zu? Streiche die unpassende Formulierung durch. Lies die entsprechende Stelle im Text nach, wenn du unsicher bist.*

Schon der erste Auftritt der SA-Männer wirkt *bedrohlich / aggressiv / Vertrauen erweckend*, wenn es heißt: „Die eisenbeschlagenen Stiefel knallten auf die Decksplanken" (Z. ______). Der Hitlergruß (Z. ______) kennzeichnet sie als *überzeugte Nationalsozialisten / ganz harmlose Mitbürger*. Sie erscheinen *zu zweit / zu zwölft* (Z. ______) und nehmen *wenig / viel* Rücksicht auf die anderen Fahrgäste (Z. ______). *Diese Bekanntschaft / Die Macht der SA-Männer* zeigt sich auch daran, dass sie ein Plakat aufhängen, ohne den Fährmann um Erlaubnis zu fragen, der *laut / gar nicht* widerspricht (Z. ______). Die Aufschrift des Plakats (Z. ______) macht *die Juden / das Fährpersonal* schlecht und zeigt eine Methode, mit der man *Juden / einfache Leute* verfolgt und diskriminiert hat. *Widerspruch / Zustimmung* wird nicht geduldet: Mit *drohenden Gesten / den Fäusten / unverschämten Äußerungen* bringen die SA-Leute Andersdenkende *zur Vernunft / zum Schweigen* (Z. ______). Die *unvoreingenommene / verächtliche / respektvolle* Haltung gegenüber Juden zeigt sich nicht nur daran, dass sie Juden als *Tiere / Ungeziefer* bezeichnen (Z. ______) und Elfie *beschimpfen / mit ihrem Namen ansprechen* (Z. ______), sondern auch daran, dass sie nach ihren Aktionen *laut herumprahlen / leise auftreten* (Z. ______).

**2** *Ordne den Figuren durch Linien die richtigen Aussagen bzw. Verhaltensweisen zu (mit Zeilenangabe). Formuliere in einem Stichwort, welche Einstellung gegenüber Juden daraus spricht.*

| Figur | Aussage / Verhalten (Zeile) | Einstellung |
|---|---|---|
| a) Die ältere Frau: | 1. „Wird auch höchste Zeit, dass das Pack eins auf die Nase kriegt." (Z. ______) | negativ: hegt Abneigung gegen Juden |
| b) Der junge SA-Mann: | 2. „Eine Schande ist das, was sie mit den Leuten machen." (Z. ______) | |
| c) Der Kutscher: | 3. täuscht für Elfie einen Notfall vor. (Z. ______) | |
| d) Der Fährmann: | 4. bringt Elfie heimlich über die Grenze. (Z. ______) | |
| e) Christian: | 5. „Läuse im Pelz muss man knacken." (Z. ______) | |
| f) Schmidtbauer: | 6. „Theo, mach die Taue los. Es wird Zeit ..." (Z. ______) | |

**3** *Die sechs Figuren haben unterschiedliche Eigenschaften. Ordne sie jeweils zu.*

mutig, boshaft, gemein, couragiert, provozierend, vorausschauend, beschützend, reaktionsschnell, unwillig, beschwichtigend, umsichtig, unbeteiligt, verärgert, zupackend, überlegen, vorsichtig, entschlussfreudig, besonnen, aggressiv, verantwortungsbewusst, hilfsbereit, begriffsstutzig, unfreundlich, unhöflich, unparteiisch, schlagfertig, spontan, humorvoll, gelassen

**4** *Wie schätzt du Christians Verhaltensweisen ein? Ergänze folgende Tabelle.*

| Christians Verhalten | Bewertung / Einschätzung |
|---|---|
| Z. 11–12: „Hör nicht hin“, flüsterte Christian Elfie zu. Er legte ihr den Arm um die Schultern. | Er will Elfie trösten, als ... |
| Z. 39–40: „Nichts, nichts“, sagte Christian. | |
| Z. 50–51: „Frag nicht lange und tu, was ich sage. Schnapp gleich deinen Koffer und lauf ...“ | |
| ? | |

## Die Kernaussage eines Textes verstehen

**5** *Die Bedrohung, die von den Nationalsozialisten für Juden und ihre Helfer ausging, war nicht zu unterschätzen. Ist dir das Ausmaß klar? Kreuze die richtigen Antworten an.*

*a) Wer als Jude/Jüdin in der NS-Zeit überlebt hat, musste ...*

a) ☐ ... Glück im Unglück haben. b) ☐ ... sehr mutig sein. c) ☐ ... mit Hitler befreundet sein.

d) ☐ ... pfiffige Helfer haben. e) ☐ ... untertauchen. f) ☐ ... einen kühlen Kopf bewahren.

*b) Überlege, welches Ereignis für den Ausgang der Geschichte entscheidend ist. Kreuze an:*

a) ☐ die Überfahrt b) ☐ Christians Rettung c) ☐ der Zusammenstoß d) ☐ Elfies Rettung

*c) Wie könnte vor diesem Hintergrund der Titel der Erzählung auch lauten? Entscheide und begründe kurz:*

(1) In letzter Sekunde (2) Glück gehabt (3) Das Ablenkungsmanöver

(4) Auf der Flucht (5) Die gute Tat (6) Ein mutiger Freund

**6** *a) Was bedeutet das Sprichwort* ***„Er ist wie ein Wolf im Schafspelz“****? Kreuze die zutreffende Aussage an.*

Der Vergleich bedeutet, dass ein ...

a) ☐ ... Schaf zum gefährlichen Wolf wird. b) ☐ ... Schaf durch den Fleischwolf gedreht wird.

c) ☐ ... Wolf seinen Winterpelz verliert. d) ☐ ... Wolf sich mit dem Fell eines Schafes tarnt.

*b) Wie verstehst du in diesem Zusammenhang Schmidtbauers veränderte Fassung des Sprichwortes? Erkläre es mit deinen eigenen Worten.*

## D Den Schreibplan erstellen

**1** *Plane, wie du beim Schreiben vorgehen willst. Nummeriere dazu die folgenden Zwischenüberschriften in einer sinnvollen Reihenfolge, die zur Aufgabenstellung passt.*

| | | |
|---|---|---|
| ☐ Christians Verhalten | ☐ Einleitung | ☐ Figurenverhalten |
| ☐ Der Inhalt | ☐ Schmidtbauers Vergleich | ☐ So sehe ich Christian |

**2** *a) Ordne den Überschriften die folgenden Textauszüge zu, indem du sie durchnummerierst. Welcher Abschnitt fehlt?*

**A** Christian handelt schnell und entschlossen: Er täuscht einen Unfall vor, um die SA-Männer von Elfie abzulenken, und ermöglicht ihr die Flucht. … ☐

**B** Die ältere Frau gehört zu den Passagieren auf der Fähre, die der SA gegenüber kritisch eingestellt sind. Sie äußert ihre Ablehnung allerdings eher verhalten, … ☐

**C** Willi Fährmanns Erzählung „Die letzte Fähre“ spielt im April des Jahres 1933 in Deutschland. Hauptfiguren sind Elfie Mandelbaumer, ein jüdisches Mädchen, und ihr Freund … ☐

**D** Nachdem Christian aus dem Wasser gerettet worden ist, völlig durchnässt, leiht ihm der Wirt „ein Braunhemd“, wie es die SA-Männer tragen. Als er Schmidtbauer davon erzählt, muss dieser darüber lachen: Das Braunhemd erscheint wie ein Wolfspelz, zumal … ☐

**E** Die Erzählung handelt von Elfies Flucht vor den Nationalsozialisten. Als es bei der Rheinüberquerung fast zu einem Schiffsunglück kommt, entfährt ihr ein jüdischer Ausruf und man erkennt ihre Herkunft. In letzter Sekunde täuscht ihr Freund Christian … ☐

**F** ? ☐

*b) Bearbeite nun auf Grundlage deiner Vorarbeiten die Teilaufgaben.*

## E Den eigenen Text überarbeiten

**1** *Überarbeite die folgende Inhaltszusammenfassung inhaltlich und sprachlich. Gehe so vor:*
*a) Nummeriere die Sätze in einer sinnvollen Reihenfolge.*
*b) Überprüfe den Tempusgebrauch: Steht das Präsens überall, wo es hingehört?*
*c) Korrigiere inhaltliche Fehler oder Ungenauigkeiten. Lies im Text nach.*
*d) Prüfe, ob die Zusammenfassung vollständig ist. Ergänze sie gegebenenfalls.*
*e) Schreibe den Text neu: Verbinde die Sätze sinnvoll miteinander und vermeide Wiederholungen.*

VORSICHT FEHLER!

Inhaltszusammenfassung

(_____) Die Geschichte handelt um zwei Menschen auf der Flucht.
(_____) Nur mit einem Koffer wollen sie über den Rhein. (_____) Mit einem vorgetäuschten Unfall kann Elfie den Männern entkommen. (_____) Die Geschichte spielt im April 1933. (_____) Elfie ist eine Jüdin, die von ihrem Vater vorsichtshalber außer Landes gebracht werden soll. (_____) Die Nationalsozialisten waren damals an der Macht. (_____) Als es während der Fährfahrt zu einem Schiffsunglück kommt, wird Elfie von den SA-Leuten als Jüdin erkannt. (_____) Nachdem Christian dabei über Bord ging, drohte er zu ertrinken.

**2** *Überarbeite deinen eigenen Text ebenso gründlich mit Hilfe der Umschlagklappe 5.*

# *Ludwig Jacobowski:* Großstadt-Lärm – Ein Gedicht analysieren

1. **Analysiere das Gedicht *Großstadt-Lärm* von Ludwig Jacobowski.**
   – Stelle dar, wie Jacobowski Stadt und ländliche Natur beschreibt.
   – Untersuche formale und sprachliche Mittel und ihre Wirkung.
   – Geh dabei besonders auf die Rolle des lyrischen Ichs und die Bildlichkeit des Gedichts ein.
2. **Nimm Stellung, inwieweit du die Erfahrungen des lyrischen Ichs heute noch teilen kannst.**

Ludwig Jacobowski

**Großstadt-Lärm** 1901

Wo bist du, stilles Ackerland,
vom bittern Tagewerk ermüdet,
du grenzenloser Himmelsrand,
von treuen Sternen eingefriedet?

O draußen, wo die Nacht sich senkt
Auf Gärten, Heide, Wald und Fluren,
und locker in den Ästen hängt
ein Hauch von Dampf und Silberspuren.

Hier schleiche ich die Mauern lang,
die droh'n, auf mich herabzufallen.
Nachtschwärmer kreuzen meinen Gang
Und taumeln in durchlärmten Hallen.

Gejohle aus dem Kellerloch,
bis an die Dächer ein Gebrause, –
o Land der Stille, hol mich doch,
hol den Gefangenen nach Hause.

# A Die Aufgabe verstehen

**1** *Worauf sollst du dich bei der Analyse des Gedichts konzentrieren? Markiere die Schwerpunkte in den Teilaufgaben farbig.*

**2** *a) Was gehört außerdem zu einer Analyse? Streiche die falschen Antworten in der Tabelle durch.*

| **Du sollst ...** | **1.** | **2.** |
|---|---|---|
| a) ... bei deiner Analyse auf den Titel des Gedichts eingehen. | ☐ | ☐ |
| b) ... von deinem letzten Besuch in der Großstadt bzw. auf dem Land erzählen. | ☐ | ☐ |
| c) ... dich zum Autor des Gedichts, Ludwig Jacobowski, äußern. | ☐ | ☐ |
| d) ... die Bildlichkeit des Gedichts und deren Wirkung beschreiben. | ☐ | ☐ |
| e) ... eine kritische Rezension (Beurteilung) über das Gedicht verfassen. | ☐ | ☐ |
| f) ... die äußere Form des Gedichts (Reimschema, Versform) untersuchen. | ☐ | ☐ |
| g) ... auf die Biografie des Dichters näher eingehen. | ☐ | ☐ |
| h) ... Bezüge zwischen Form und Inhalt herstellen. | ☐ | ☐ |
| i) ... zeigen, welche Aufgabe der Sprecher des Gedichts (lyrisches Ich) hat. | ☐ | ☐ |
| j) ... begründen, inwieweit das Gedicht noch zeitgemäß ist. | ☐ | ☐ |
| k) ... darstellen, ob du eine Großstadt ähnlich erlebst oder anders wahrnimmst. | ☐ | ☐ |
| l) ... den Inhalt der vier Strophen in wenigen Sätzen zusammenfassen. | ☐ | ☐ |

*b) Kreuze in den beiden Spalten rechts an, zu welchen Teilaufgaben die Arbeitsschritte gehören.*

# B Erstes Textverständnis – Ideen entwickeln

## Der erste Eindruck

**1** *Welche Überschrift könnte auch zu dem Gedicht passen? Kreuze an und begründe kurz deine Auswahl.*

a) ☐ Langeweile auf dem Land b) ☐ Einsamkeit c) ☐ Sehnsucht nach Stille d) ☐ Zu Hause

Ich habe mich für Überschrift ______ entschieden, weil ______________________________

__________________________________________________

**2** *Vollende die Aussage:*

Nach dem ersten Lesen spricht mich das Gedicht an / nicht an, weil ______________________

__________________________________________________

## Den Inhalt erfassen

**3** *Notiere Stichworte zu den thematischen Schwerpunkten der einzelnen Strophen.*

– Strophe 1: Land, Weite ______________________ – Strophe 3: Stadt, Lärm ______________________

– Strophe 2: ______________________ – Strophe 4: ______________________

# C Übungen

## Die Überschrift beachten

**1** ***Großstadt-Lärm:*** *Welche Geräusche fallen dir dazu ein? Notiere deine ersten Ideen und markiere mit einem ⊕ oder ⊖, ob diese Geräusche für dich angenehm oder unangenehm sind.*

______________________________________________

______________________________________________

______________________________________________

## Die äußere Form beschreiben

**Metrum**
- ☐ Jambus: xx́ xx́ xx́ xx́ ▷ steigende Bewegung
- ☐ Trochäus: x́x x́x x́x x́x ▷ fallende Bewegung
- ☐ Daktylus: x́xx x́xx x́xx ▷ tänzerische Bewegung
- ☐ Anapäst: xxx́ xxx́ xxx́ ▷ vorwärtsdrängende Bewegung

**2** *Ergänze den folgenden Lückentext mit Hilfe des Tipps.*

Das Gedicht hat __________ Strophen, eine Strophe besteht immer aus __________ Versen. Das Reimschema ist __________, es handelt sich also um einen __________ *(Paarreim aabb / Kreuzreim abab / umarmenden Reim abba)*. Das Versmaß ist fast durchgängig ein __________ *(Jambus / Trochäus)*, nur in den Versen __________ *(fünf und fünfzehn / elf und sechzehn)* taucht plötzlich ein __________ *(Daktylus / Anapäst)* auf. Jeder Vers hat __________ Betonungen, die einzige Ausnahme ist Vers __________, dort sind es nur __________ Betonungen.

**3** *a)* ***Fazit:*** *Kreuze die richtige Antwort an.*

**Die äußere Form des Gedichts ist ...**

a) ☐ ... regelmäßig. b) ☐ ... ganz unregelmäßig. c) ☐ ... teils regelmäßig, teils unregelmäßig.

*b) Kreuze auch hier die zutreffende Aussage an.*

**Die Stimmung, die durch den Rhythmus ausgelöst wird, ist überwiegend ...**

a) ☐ ... aggressiv. b) ☐ ... eintönig. c) ☐ ... fröhlich. d) ☐ ... niederschmetternd.

## Die Sprache untersuchen

**4** *a) Kennst du wichtige lyrische Fachbegriffe? Ordne durch Verbindungslinien jeweils die richtige Erklärung zu; wähle für jede Linie eine andere Farbe.*

| | |
|---|---|
| 1. Enjambement | a) Vermenschlichung von leblosen Gegenständen |
| 2. Personifikation | b) übertreibende Bezeichnung |
| 3. Hyperbel | c) Frage, auf die man keine Antwort erwartet |
| 4. rhetorische Frage | d) Fortsetzung des Satzes über das Zeilenende (Zeilensprung) |

*b) Welche sprachlichen Mittel kommen im Text vor? Markiere mit den jeweiligen Farben Beispiele im Gedicht.*

## Aussagen über das lyrische Ich treffen

**5** *a) Kreise im Text die Stellen ein, in denen sich das lyrische Ich zeigt.*
*b) Kreuze die richtigen Antworten an: Das lyrische Ich ist im Gedicht erkennbar an den …*

a) ☐ ... Verben. b) ☐ ... Possessivpronomen. c) ☐ ... Personalpronomen. d) ☐ ... Nominalisierungen.

## Die Sinn tragenden Wörter bestimmen und ihre Wirkung aufzeigen

**6** *a) Unterstreiche im Text diejenigen Wörter, die eher eine positive bzw. eher eine negative Stimmung vermitteln.*
*b) Lege in deinem Heft folgende Tabelle an, ordne diese Wörter darin ein und übertrage deine Markierung:*

| Strophe | Verben | Adjektive | Nomen |
|---|---|---|---|
| 1 | ______ | stilles ⊕, bittern ⊖, ... | ______ |
| 2 | ______ | ______ | ______ |
| 3 | ______ | ______ | ______ |
| 4 | ______ | ______ | Gejohle ⊖, ... |

*c) Fülle mit Hilfe der Tabelle in dem folgenden Text die Lücken aus.*

Zusammenfassend lässt sich sagen, dass die ländliche Natur im Gegensatz zur Stadt in den ______ Strophen mit ______ Wörtern beschrieben wird, und zwar vor allem durch ______ und ______. In der dritten Strophe wird ______ überwiegend durch ______ Begriffe beschrieben, hier sind es hauptsächlich ______, die diese Bedeutung transportieren. In der letzten Strophe ist wieder positiv vom ______ die Rede. In der Wahrnehmung des lyrischen Ichs erscheint das Land als ______, die Stadt als ______.

## Die Wirkung sprachlicher Bilder erfassen

**7** *a) In dem Text wird durch* ***Personifikationen*** *eine besondere Bildwelt entfaltet. Dabei werden menschliche Eigenschaften und Verhaltensweisen auf leblose Dinge übertragen. Ergänze die folgende Tabelle.*

| | Menschliche Eigenschaft | Menschliche Verhaltensweise |
|---|---|---|
| Das Ackerland | ist ermüdet | ______ |
| Die Sterne | ______ | ______ |
| Die Nacht | ______ | senkt sich |
| Ein Hauch | ______ | ______ |
| Die Mauern | ______ | ______ |

*b) Welche Aussage ist sicher falsch? Streiche sie durch.*

Die Personifikationen führen dazu,

a) dass das Land wie ein guter Freund erscheint, der einem fehlen kann.

b) dass die Menschen keine Rolle mehr spielen, die Dinge sind wichtiger.

c) dass z. B. die Stadt ein Eigenleben bekommt und bedrohlicher wirkt.

d) dass die Orte, von denen die hier Rede ist, viel anschaulicher werden.

## Zum Schluss überleiten und Stellung nehmen

**8** *Entscheide, welches Beispiel besonders gelungen ist. Prüfe, welche Kriterien jeweils erfüllt sind, und kreuze in der Tabelle die entsprechenden Felder an.*

| Beispiel für einen Schluss | an ersten Eindruck angeknüpft? | auf Analyseergebnisse bezogen? | klar zum Text Stellung genommen? | insgesamt sprachlich gelungen? |
|---|---|---|---|---|
| A Mir hat der Text von L. Jacobowski von Anfang an richtig gut gefallen, weil ich mich in der Stadt auch manchmal nicht wohlfühle. Das Leben in der Stadt kann echt anstrengend sein, bei der Hektik und dem Verkehr in den Großstädten. Das ist ja auch das Hauptthema des Textes. Und es sind eben viele Menschen, die so eng aufeinander Stress machen. | ☐ | ☐ | ☐ | ☐ |
| B Beim ersten Lesen hat mich das Gedicht „Großstadt-Lärm" nicht besonders angesprochen, vielleicht deshalb, weil ich mit „Ackerland", „Tagewerk" und anderen Begriffen nicht viel anfangen kann. Nach meiner Analyse verstehe ich den Text besser und finde die Gegensätze zwischen Stadt und Land interessant beschrieben. Die Sehnsucht nach dem Land kann ich jetzt besser nachvollziehen. | ☐ | ☐ | ☐ | ☐ |
| C Zusammenfassend kann man sagen, dass das Gedicht vom Gegensatz zwischen bedrohlicher Großstadt und friedlichem Landleben geprägt ist. Wie oben gezeigt, unterstützen die eingesetzten sprachlichen Mittel die Sehnsucht nach diesem friedlichen Land, insbesondere die Personifikationen. | ☐ | ☐ | ☐ | ☐ |

**9** *Notiere – ausgehend von deinem ersten Eindruck und passend zu deinen Ergebnissen – Stichworte für deinen eigenen Schluss.*

______________________________________________

______________________________________________

______________________________________________

______________________________________________

# D Den Schreibplan erstellen

## Einleitung – Der erste Satz

**1** *In der Einleitung gibst du Autor, Textsorte, Titel, Erscheinungsjahr und Thema an. Verfasse eine vollständige Einleitung, nutze dazu den Wortspeicher.*

___

___

**Wortspeicher**
aus dem Jahr
handelt von
thematisiert
verfasst
geht es um
mit dem Titel

## Hauptteil – Analyse

**2** *Fasse zunächst kurz den Inhalt zusammen. Nutze deine Ergebnisse aus Teil B, Aufgabe 3.*

**3** *Nutze die folgende Tabelle als Gliederungshilfe: Liste wesentlichen Analyseaspekte auf und ergänze stichwortartig deine Ergebnisse mit Hilfe der Übungen aus Teil C. Nimm ein Din-A4-Blatt zur Hilfe.*

| Formale und sprachliche Aspekte | Inhaltliche Bedeutung und ggf. Wirkung |
|---|---|
| Äußere Form | ___ |
| Lyrisches Ich | ___ |
| Sinn tragende Wörter | ___ |
| Sprachliche Bilder | ___ |

## Schluss – eigene Stellungnahme

**4** *Formuliere einen Entwurf für deinen eigenen Schluss (s. Teil C, Aufgabe 6).*

**5** *Bearbeite nun die Aufgabenstellung in einem zusammenhängenden Text.*

# E Den eigenen Text überarbeiten

Das Gedicht Großstadt-Lärm beginnt mit der Frage  Wo bist du, stilles Ackerland  Im weiteren Verlauf ist von  treuen Sternen  die Rede. Demgegenüber steht die Stadt, deren Mauern  droh'n,  herabzufallen  ,  und zwar  auf mich  , d. h. das lyrische Ich.

**1** *a) Ergänze mit Hilfe des Tipps fehlende Satzzeichen.*
*b) Belege die Zitate durch Angabe der Verszeile.*
*c) Prüfe in deinem Text, ob du überall korrekt zitiert hast.*

**Zitieren**

- Wörtlich übernommene Auszüge (Wörter, ganze Sätze etc.) kennzeichnet man durch Anführungszeichen, z. B.: *Der Text beginnt mit den Worten: „Wo bist du, stilles Ackerland?“*
- Wird eine Textstelle mit Auslassungen zitiert, müssen diese durch Klammern und Auslassungspunkte [...] kenntlich gemacht werden: *Das Land wird als „vom [...] Tagewerk ermüdet“ bezeichnet.*
- Nach den abschließenden Anführungszeichen gibt man bei jedem Zitat in Klammern die Verszeile an, in der das Zitat steht: (V. 1–2).

# „Einen Hamburger, bitte!" – Informationen entnehmen, in Beziehung setzen, bewerten

1. Ermittle aus den Materialien M1 – M4 die wesentlichen Informationen und stelle sie kurz dar.
2. Vergleiche die Aussagen der Materialien M1 – M4 zu Herkunft und Bedeutung des Wortes „Hamburger" und benenne Übereinstimmungen und Widersprüche.
3. Setze dich in einem kurzen Brief an einen amerikanischen Austauschschüler mit der Ansicht auseinander, „Hamburger" sei ein amerikanisches Wort.

**M1**

Microsoft Encarta

**Digitales Lexikon**

## Hamburger

**Hamburger,** flache Frikadelle aus Rindfleisch in einem aufgeschnittenen Brötchen. Als weitere Zutaten werden Salatblätter sowie Gurken- und Tomatenscheiben, Senf und Ketchup verwendet. Die Bezeichnung *Hamburger* stammt ursprünglich aus den USA. Ein *Cheeseburger* enthält zudem eine Scheibe Schmelzkäse.

**M2**

Wolfgang Seidel

**Sachbuch**

## Hamburger 2006

Hervorgegangen aus einem englischsprachigen Missverständnis des Wortes Hamburger: Dieser war als „Hamburger Beafsteak" (sprich: *hamburger*) in die Neue Welt gelangt, dort jedoch als *häm-börger* missverstanden worden, wobei man sich unter engl. *ham*[1] Schinken vorstellte und unter *börger* weiß der Himmel was.

1 **ham:** (engl.) Schinken vom Schwein

**M3**

Deutsches Universalwörterbuch

**Wörterbuch**

## Wortfeld „Hamburger" 2001

**Hamburg:** Stadt u. deutsches Bundesland
[1]**Hamburger,** der; s, -: Einwohner Hamburgs
[2]**Hamburger** [engl.: ˈhæmbəːgə], der; -s, - u. (bei engl. Ausspr.) -s [kurz für: *Hamburger Steak*]: *zwischen den getoasteten Hälften eines Brötchens servierte heiße Frikadelle aus Rinderhackfleisch:* einen H. essen
[3]**Hamburger** <nicht deklinierbares Adj.>: der H. Hafen

## M4 Wortgeschichte: Burg, Burger, Hamburger

**Flussdiagramm**

***Hamm***
Zu Beginn des 9. Jhs. legten die Franken unter Karl dem Großen bei dem bereits befestigten altsächsischen Dorf Hamm (vielleicht abgeleitet von *ham* = Hemmnis im Gelände) eine wallumzogene Burganlage als Stützpunkt für die Missionierung des heidnischen Nordens an.

***Burg***
Vom althochdeutschen Wort *berg* wurde eine Reihe weiterer Wörter abgeleitet, wie „bergen“, „verbergen“, „Geborgenheit“, „Herberge“, „Gebirge“ usw. Verwandt mit diesen Wörtern ist das indogermanische Adjektiv *bheregh*, das „hoch, erhaben“ bedeutete. Das Wort „Burg“ (im Sinne von: „schützende Höhe“) hat sich wohl aus diesem Adjektiv gebildet.

***Hamburg***
Der Name „Hammaburg“ ist 832 erstmals dokumentiert.

***Bürger***
In jeder Burg gab es Menschen, die sie zu schützen und gegen Angriffe zu verteidigen versuchten. Sie waren die *burg-were*. Aus dieser Bezeichnung entwickelte sich das neudeutsche Wort „Bürger“.

***Hamburger***
Bezeichnung für einen Bürger Hamburgs

***Hamburger Hackfleischstück***
Seit Jahrhunderten von Hamburgern verwendetes Rezept, ...

... das von Auswanderern nach Amerika gebracht, dort abgewandelt und als ...

... ***Hamburger*** von amerikanischen Fastfood-Ketten in Deutschland verbreitet wurde.

## A Die Aufgabe verstehen

**1** *Unterstreiche in allen drei Teilaufgaben Verben, die angeben, was du tun sollst. Lies eventuell in der Operatorenliste auf Seite 4 oder im Internet nach, was sie bedeuten.*

**2** *Hast du die Aufgaben wirklich richtig verstanden? Kreuze an.*

| Du sollst ... | richtig | falsch |
|---|---|---|
| a) ... in einem Brief beschreiben, welche Widersprüche es zwischen den Aussagen der einzelnen Texte gibt. | ☐ | ☐ |
| b) ... zwei Texte schreiben, und zwar einen Aufsatz über alle Texte und einen Brief an einen amerikanischen Schüler. | ☐ | ☐ |
| c) ... in dem Aufsatz die Informationen wiedergeben und dann vergleichen. | ☐ | ☐ |
| d) ... dich in einem Brief mit der irrtümlichen Meinung vieler Amerikaner kritisch auseinandersetzen. | ☐ | ☐ |

**3** *Welche Zeit solltest du in diesem Fall für die Inhaltswiedergabe der Texte verwenden? Entscheide:*

**Du verwendest ...**

a) ☐ ... Präteritum. b) ☐ ... Präsens. c) ☐ ... Perfekt. d) ☐ ... Plusquamperfekt.

## B Erstes Textverständnis

### Thema und Problemstellung erkennen

**1** *Welcher **Begriff** spielt in allen Texten eine Rolle? Notiere ihn hier.*

________________________________________

**2** *Welche Aussage ist sicher falsch? Dem Begriff werden verschiedene Bedeutungen zugeordnet, weil ...*

a) ☐ ... er je nach Verwendungszusammenhang eine andere Bedeutung hat.
b) ☐ ... er im Deutschen und Englischen keine festgelegte Bedeutung hat.
c) ☐ ... er in verschiedenen Sprachen völlig anders verwendet werden kann.
d) ☐ ... sich seine ursprüngliche Bedeutung im Laufe der Zeit verändert hat.

### Informationen sortieren

**3** *Markiere in allen Texten Informationen zu dem Begriff „Hamburger" und seinen Bestandteilen. Sortiere diese Informationen in die folgende Tabelle ein.*

| Wort(bestandteile) | Was viele Amerikaner darunter verstehen | Eigentliche Bedeutung |
|---|---|---|
| Ham | ________ | Befestigtes Dorf ... |
| Burger | Ein mit Fleisch, Käse usw. belegtes und geröstetes weiches Brötchen. | ________ |
| Hamburger | ________ | ________ |

**4** *Vergleiche die Eintragungen in den Spalten 2 und 3. Markiere jeden Widerspruch, den du findest, mit einer anderen Farbe.*

**5** *In welchen Punkten stimmen die Materialien nicht überein, was wird unterschiedlich gesehen und warum? Formuliere deine Überlegungen möglichst genau in einem Satz.*

Der Begriff ________________ stellt sich als problematisch heraus, denn ________________

________________________________________________

________________________________________________

# C Übungen

## Informationen schriftlich wiedergeben

**1** *In deinem Aufsatz sollst du die Informationen wiedergeben, die du in der obigen Tabelle gesammelt hast. Dabei solltest du im sprachlichen Ausdruck variieren.*

*a) Setze folgenden Text (gegebenenfalls auf einem gesonderten DIN-A4-Blatt) fort und verwende kein Verb doppelt. Nutze das Wortfeld „sagen", um Verben abzuwechseln.*

*b) Wechsle außerdem die Wörter und Redewendungen ab, mit denen du die Sätze verknüpfst. Nutze dazu den Wortspeicher mit Satzverknüpfungen.*

Das elektronische Lexikon „Encarta" der amerikanischen Firma Microsoft macht die

Angabe, dass das Wort „Hamburger" ________________

________________________________________________

________________________________________________

________________________________________________

________________________________________________

________________________________________________

________________________________________________

________________________________________________

________________________________________________

________________________________________________

________________________________________________

________________________________________________

________________________________________________

**Wortfeld „sagen"**

Der Autor / Die Autorin ...
- gibt an
- teilt mit
- erklärt
- informiert darüber
- stellt fest
- weist darauf hin
- macht darauf aufmerksam
- bringt zur Sprache
- äußert sich über
- hebt hervor
- verweist auf
- weist nach

**Satzverknüpfungen**

- außerdem
- ferner
- schließlich
- danach
- in ähnlicher Weise
- erstens ... zweitens ... drittens
- anschließend
- daraufhin
- weiterhin
- ebenso
- dagegen
- zu Beginn des Textes
- im weiteren Verlauf des Textes
- gegen Ende / zu guter Letzt
- ganz anders
- einerseits ... andererseits
- zum einen ... zum anderen

## Informationen in Beziehung setzen

**2** *Ist „Hamburger" ein amerikanisches Wort? Prüfe, in welchen der Materialien du Anhaltspunkte für diese irrtümliche Meinung findest. Berücksichtige dabei auch die Bestandteile des Wortes („Ham-burger"). Notiere entsprechende Formulierungen.*

Material 1 : Zitat: „Die Bezeichnung ‚Hamburger' ... ______

Material ____: Zitat: ______

______

**3** *Trage die Fakten zusammen, die du anführen kannst, um die Annahme zu widerlegen (in Stichpunkten).*

1. Tatsache: „Hamburger" wurden in Deutschland erfunden (M2, M4) und exportiert. ______
2. Tatsache: ______
3. Tatsache: ______
4. Tatsache: ______

## Adressatengerecht schreiben

**4** *Dein Adressat ist ein Amerikaner in deinem Alter. Wie kannst du ihn in das Thema einführen? Notiere ein oder zwei Sätze für die Einleitung in altersgemäßer Wortwahl.*

______

______

______

**5** *Bereite deine Stellungnahme vor, indem du falsche Annahmen auf passende stichhaltige Fakten beziehst. Nutze dabei den Tipp, um verschiedene Formulierungen dafür zu finden.*

Von Amerikanern hört man immer wieder, dass ... ______

______

______

Diese Annahmen sind nicht haltbar, denn ... ______

______

______

Ein weiterer Irrtum liegt in dem Glauben, dass ... ______

______

Dem widerspricht die Tatsache, dass ... ______

______

**TIPP**

**Widerspruch**

- ☐ Entgegen der herrschenden Auffassung ist es ...
- ☐ Dagegen spricht allerdings ...
- ☐ Hier ist einzuwenden, ...
- ☐ Der Irrtum besteht darin, ...
- ☐ Dem ist jedoch nicht so: ...

# D Den Schreibplan erstellen

## Die Materialien auswerten

**1** *Löse die erste und zweite Teilaufgabe in Form eines kurzen Aufsatzes.*
*a) Überlege dir eine kurze Einleitung. Nutze dafür u. a. deine Ergebnisse aus Teil B zum Textverständnis (S. 60).*

Einleitung: Angaben zu ______________________________

______________________________

______________________________

*b) Orientiere dich für die Gliederung an der Aufgabenstellung (Seite 58). Greife auf deine Vorarbeiten aus Teil B und C (Aufgabe 1) zurück. Lege in Stichworten fest, was du in welcher Reihenfolge im Hauptteil schreiben möchtest.*

Hauptteil: ______________________________

______________________________

______________________________

## Zu den Materialien Stellung nehmen

**2** *Bereite nun den Brief an einen Amerikaner vor. Deine Arbeitsergebnisse aus Teil C (Aufgabe 2–5) helfen dir dabei. Hier findest du ein paar Ideen, wie du beginnen kannst.*

Lieber ...,
wenn du mit deinen Freunden das nächste Mal wieder in einem Fastfood-Restaurant essen bist, lass dich nicht ins Bockshorn jagen: ...

Hallo ...,
gerade ist es mir wieder begegnet: Nicht nur von Amerikanern, auch von Landsleuten hört man immer wieder, dass der Hamburger wirklich ein tolle Erfindung aus Amerika sei ...

Hallo, lieber ... !
Viele Amerikaner halten den Hamburger für eine amerikanische Erfindung – vielleicht weil die Wörter „Ham" und „Burger" so uramerikanisch klingen, aber was ihr euch da vorstellt ...

?

**3** *Bearbeite nun die Aufgabenstellung: Verfasse zunächst den Aufsatz, dann den Brief.*

# E Den eigenen Text überarbeiten

☑ **Checkliste**

**Kreuze an. Hast du ...**

| | + | – |
|---|---|---|
| □ ... zwei Texte verfasst: einen Aufsatz und einen Brief? | □ | □ |
| □ ... im Aufsatz Materialien und Problemstellung sachlich untersucht? | □ | □ |
| □ ... im Aufsatz Informationen kurz wiedergegeben und verglichen? | □ | □ |
| □ ... in Einleitung und Hauptteil grundsätzlich das Präsens verwendet? | □ | □ |
| □ ... für den Brief dein Wissen genutzt, um den Irrtum aufzuklären? | □ | □ |
| □ ... im Brief stichhaltige Argumente und altersgemäße Worte benutzt? | □ | □ |
| □ ... in beiden Texten Rechtschreibung und Zeichensetzung kontrolliert? | □ | □ |

# Verhungert für die Schönheit: Darf Mode alles? – Informationen entnehmen, in Beziehung setzen, bewerten

1. Ermittle aus den Materialien M1, M2 und M3 die wesentlichen Informationen zu Entwicklungen rund um die Modeindustrie und stelle sie jeweils kurz zusammenfassend dar.
2. Setze zentrale Aussagen aus M1 und aus dem Hintergrundbericht M2 in Bezug zu der tabellarischen Darstellung der Entwicklung der natürlichen Körpergrößen (M3).
3. Nimm Stellung zu der Frage, ob und wie man diesen Entwicklungen entgegenwirken sollte. Beziehe dabei auch Erfahrungen aus deinem Umfeld in die Überlegungen mit ein.

M1

**Size Zero** [engl., „Größe Null"]

Jahreslexikon

1. Bezeichnung für die Damenkonfektionsgröße Null im US-amerikanischen Katalog-Größensystem (vgl. in Deutschland: Größe 32);
2. Im Lauf des Jahres 2006 aufgekommene Bezeichnung für Körpertypen, die nach kontinuierlich[1] verminderter Kalorienzufuhr in Kleidungsstücke dieser Größe passen. Die für S. Z. notwendigen Maße entsprechen hierbei der Körperform eines durchschnittlich entwickelten zwölfjährigen Mädchens. In der Modewelt wurde das Problem S. Z. heftig diskutiert, als die Veranstalter der „Fashion Week"[2] in Madrid im September 2006 fünf untergewichtige Mannequins[3] von der Veranstaltung ausschlossen. Zudem erlagen im Lauf dieses Jahres im Abstand von nur wenigen Monaten zwei Fotomodels dem S.-Z.-Wahn, nachdem sie sich monatelang nur von Äpfeln und Tomaten bzw. von Salat und Coke Zero[4] ernährt hatten. S.-Z.-Körpermaße werden oft durch Medikamentenmissbrauch erreicht, deren Nebenwirkungen zu starkem Gewichtsverlust führen.

*Magazin der Süddeutschen Zeitung*

1 **kontinuierlich:** dauernd, fortgesetzt
2 **Mannequin:** frz. für Model
3 **Fashion Week:** berühmte Modeshow
4 **Coke Zero:** kalorienfreies, koffeinhaltiges Getränk

M2

Von Joachim Rienhardt und Jochen Siemens

Reportage

**Der Tod eines Models**

*Ana Carolina Reston war 21 Jahre alt, als sie an mehrfachem Organversagen starb. Das brasilianische Model wurde Opfer einer Branche, die sich selbst vom Tod unbeeindruckt zeigt.*

(1) Die Karriere des Fotomodells Ana Carolina Reston endete am 14. November 2006 im städtischen Krankenhaus, São Paulo, Brasilien, besiegelt durch den Totenschein mit der Nummer 162730. Es war früh um 7.10 Uhr, als das Mädchen mit den kastanienbraunen Haaren seine Augen für immer schloss. Sie waren, laut eigener Bewerbungskarte, honigfarben. Alter: 21 Jahre. Größe: 1,74 Meter. Gewicht: 40 Kilo. Das Einzige, was Ana Carolina Reston hinterlassen hat, war der Traum von der Karriere. Ihr letzter Booker[1], Alexandre Torchia von der Agentur L'Equipe, beschreibt sie so: „Ihr Gesicht war perfekt, ihre Haare, ihr Mund, die Augen, die Proportionen. Dazu eine tolle Ausstrahlung."
(2) 2006 war das Jahr der Magermodels, das Jahr, in dem „dünn" zu „dürr" wurde und „schlank" zu „krank". Im August starb das 22-jährige Model Luisel Ramos aus Uruguay während einer Modenschau in Montevideo nach einem Herzinfarkt – sie hatte viele Tage vorher nichts gegessen. Wenige Wochen später verhängte die Modewoche in Madrid ein Laufstegverbot für zu schmale Models. Dann kam die Idee auf, alle Mädchen mit einem Body-Mass-Index[2] (BMI) von unter 18 von Modenschauen zu verbannen. Für Ana

Carolina hätte dies bei ihrer Größe von 1,74 Meter ein Gewicht von knapp 55 Kilogramm bedeutet – 15 Kilo mehr, als sie zuletzt wog.

(3) Models sind Idole in Brasilien: Wenn Agenturen zu Nachwuchswettbewerben aufrufen, melden sich bis zu einer Million Bewerberinnen, viele von ihnen mit der Hoffnung auf den schnellen sozialen Aufstieg. Das gelang Ana mit 16, als sie von der Agentur Ford engagiert wurde. Gleich mit dem ersten Job, einem Werbespot für Coca-Cola, konnte sie umgerechnet 3000 Euro zur Familienkasse beisteuern. Oft fuhr sie direkt nach dem Unterricht noch in Schuluniform in die Stadt, eineinhalb Stunden hin, eineinhalb Stunden zurück.

(4) „Es ist unglaublich, welche Risiken die Mädchen auf sich nehmen, um Standards zu entsprechen, die für den Erfolg in dieser Branche maßgeblich sind“, sagt Marco Tommaso, ein Psychologe, der im Auftrag aller führenden Agenturen in São Paulo schon seit zwölf Jahren regelmäßig das Gespräch mit Models sucht, um Essstörungen zu bekämpfen. „Es ist wichtig zu verstehen, dass Ana Carolina kein Einzelfall ist. Es gibt jede Menge Frauen, denen es ähnlich geht.“ Und dies sei kein brasilianisches Phänomen: „Das ästhetische Idealgewicht hat sich weltweit immer mehr von einem gesunden Gewicht entfernt.“

(5) Die Kleiderstoffe müssen fließen, dürfen nicht spannen. „Die Branche setzt sich mit ungeheurer Arroganz über biologische Grenzen hinweg. Nur ein Prozent der Models kann die verlangten Standards erreichen, ohne krank zu werden.“ Die Mädchen seien vollkommener Willkür ausgesetzt: „Sie haben zwei Castings[3] am Tag und hören stets unterschiedliche Meinungen, oft in rüdem Ton: Du bist zu dick, zu dünn, zu groß, zu klein, zu blond, zu dunkel.“ Sergio Salerni, ein TV- und Videoproduzent der Mailänder Schauen, bestätigt: „Diese Branche ist ein geschlossener Zirkus mit eigenen Regeln. Die Designer sehen ihre Kleider nicht mehr als Kleider, die von Frauen getragen werden, sondern als Kunstwerke, die sie an Wesen inszenieren.“

(6) Aber für die weit verbreitete Magersucht – dafür sei die Model-Industrie nicht verantwortlich, „da muss es noch andere Auslöser geben“, sagt Brown. Die gibt es. Etwa Mütter, die ihre Töchter schon mit 13 auf Diät setzen, damit sie Chancen haben, ein Model zu werden. Diese Selbstquälerei ist in der Modebranche längst bekannt, und selbst die jüngsten Todesfälle werden daran wenig ändern – auch wenn die italienische Regierung Mitte Dezember anmahnte, nur noch gesunde und wohlgenährte Models arbeiten zu lassen. Im Oktober hatte Didier Grumbach, der Vorsitzende der Pariser Modekammer, verkündet: „Man kann Geschmäcker nicht reglementieren[4].“ Und Stuart Rose, der Chef der Londoner Modewoche, verwies auf die künstlerische Freiheit der Modemacher. So, als dürfe diese Kunst alles – selbst wenn sie Mädchen in den körperlichen Ruin treibt. Und zwar nicht nur Models: Der Schlankheitswahn hat dazu beigetragen, dass in Deutschland fast 18 Prozent der Mädchen zwischen 11 und 15 als untergewichtig gelten. Zeit zu handeln?

*Stern 01/2007*

1 **Booker:** Berater, Manager
2 **BMI:** Bewertungsmaß des Körpergewichts
3 **Casting:** Foto- oder Vorstellungstermin
4 **reglementieren:** anordnen, regeln, erzwingen

## M3 Entwicklung der Körpermaße von Frauen 1983 bis 1999

**Pressemitteilung**

| Jahr | Brustumfang (in cm) | Taillenumfang (in cm) | Hüftumfang (in cm) | Körpergröße (in cm) |
|---|---|---|---|---|
| 1983 | 94,7 | 78,6 | 98,8 | 164,7 |
| 1994 | 96,4 | 80,8 | 101,0 | 165,2 |
| 1999 | 99,7 | 83,7 | 104,1 | 168,7 |

*Quelle: Hohensteiner Institute*

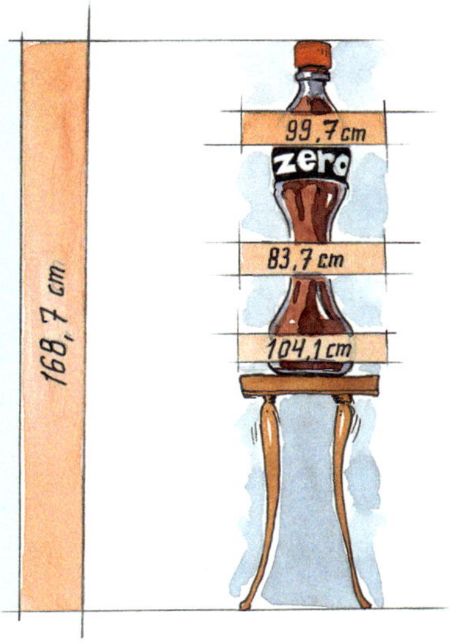

# A Die Aufgabe verstehen

**1** *Markiere in den drei Teilaufgaben Schlüsselbegriffe, die angeben, was du tun sollst. Falls du unsicher bist, was sie bedeuten, lies in der Operatorenliste auf Seite 4 noch einmal nach.*

**2** *Welche Arbeitsschritte sind bei dieser Aufgabenstellung sinnvoll? Kreuze an.*

| **Du sollst ...** | **sinnvoll** | **sinnlos** |
|---|---|---|
| a) ... ein eigenes Urteil treffen und nachvollziehbar begründen. | ☐ | ☐ |
| b) ... Informationen aus den vorliegenden Materialien entnehmen. | ☐ | ☐ |
| c) ... nur die Tabelle bei deiner Stellungnahme berücksichtigen. | ☐ | ☐ |
| d) ... alle Materialien gründlich lesen und einzeln auswerten. | ☐ | ☐ |
| e) ... nur Übereinstimmungen zwischen den Materialien erwähnen. | ☐ | ☐ |
| f) ... die Meinung deiner Freunde erfragen und mit einbeziehen. | ☐ | ☐ |
| g) ... Unterschiede und Gemeinsamkeiten der Materialien aufzeigen. | ☐ | ☐ |
| h) ... Erlebnisse und Vorwissen in die Stellungnahme einbringen. | ☐ | ☐ |

# B Erstes Textverständnis

## Materialien auswerten

**1** *Markiere in M1 Schlüsselbegriffe und notiere am Rand die wichtigsten Stichworte.*

**2** *Notiere jeweils in einem Satz eine Kurzantwort.*

a) Was versteht man unter dem Begriff „Size Zero“?

Unter dem Begriff „Size Zero“ ... ____________________

____________________

b) Welchen Frauen passt normalerweise diese Größe?

____________________

____________________

c) Warum wurde das Phänomen „Size Zero“ in der Modewelt kontrovers diskutiert?

____________________

____________________

d) Was denkst du spontan darüber, dass erwachsene Frauen versuchen, in die Kleidergröße von zwölfjährigen Mädchen zu passen?

____________________

____________________

____________________

**3** *a) Ordne den Abschnitten in M2 jeweils die passende Zwischenüberschrift zu.*

| | | | |
|---|---|---|---|
| ☐ | Der erste Erfolg: Geld und Ansehen | ☐ | Darf Mode wirklich alles? |
| ☐ | Das Jahr der Opfer | ☐ | Ana ist kein Einzelfall |
| ☐ | Das Ende einer Modelkarriere | ☐ | Willkür in der Modebranche |

*b) Unterstreiche in jedem Absatz wichtige Schlüsselbegriffe. Markiere sparsam, damit du den Überblick behältst.*
*c) Fasse jeden Absatz am Rand des Textes mit einem bis zwei Stichworten zusammen.*

**4** *a) Welche Aussagen sind laut der Statistik M3 richtig, welche sind falsch? Kreuze an.*
*b) Streiche falsche Angaben durch und notiere die richtige Angabe in der rechten Spalte.*

| richtig | falsch | Aussage | Korrekturvorschlag |
|---|---|---|---|
| ☐ | ☐ | (1) Die Körpergröße der Mädchen hat zwischen 1983 bis 1999 kontinuierlich abgenommen. | |
| ☐ | ☐ | (2) Brust- und Taillenumfang sind zwischen 1983 und 1999 gleich geblieben. | |
| ☐ | ☐ | (3) Der Hüftumfang hat in elf Jahren (1983 – 1994) stärker zugenommen als in den folgenden fünf Jahren (1994 – 1999). | |
| ☐ | ☐ | (4) Zusammenfassend lässt sich feststellen, dass Frauenkörper in allen Dimensionen insgesamt größer geworden sind. | |
| ☐ | ☐ | (5) Frauen sind im Jahr 1999 im Durchschnitt bereits 6,6 cm größer als fünf Jahre zuvor. | |
| ☐ | ☐ | (6) Die Taille ist von 1983 bis 1999 um ca. 5 cm schmaler geworden. | |
| ☐ | ☐ | (7) Die Frauen sind im Laufe der Jahre nicht größer geworden. | |
| ☐ | ☐ | (8) Der Brustumfang hat in elf Jahren stärker zugenommen als in den fünf Jahren von 1994 bis 1999, nämlich mehr als 3 cm. | |

## C Übungen

**1** *Wie haben sich die Konfektionsgrößen entwickelt? Fasse die zentrale Aussage aus M3 in einem Satz zusammen.*

**2** *Ergänze den Lückentext mit den fehlenden Wörtern aus dem Wortspeicher so, dass er die Aussagen der Statistik von M3 richtig wiedergibt.*

Die Tabelle der Hohensteiner Institute zeigt die Entwicklung der ______________ ______________________ von Frauen von 1972 bis ____________. Es gibt ____________ verschiedene Messzeitpunkte, nämlich die Jahre 1983, ________ und 1999, d. h., die ersten beiden Messzeitpunkte liegen ganze ________ Jahre auseinander, die letzten beiden dagegen nur __________ Jahre. Gemessen wurden vier Aspekte, nämlich der Umfang von Brust, ____________ und Hüfte sowie als vierte Bezugsgröße die ________________. Insgesamt zeigt sich, dass Frauen im Verlauf der Jahre ____________ und auch ____________ geworden sind. 1983 waren Frauen in der Regel 164,7 cm groß, 1999 waren sie ____________ größer. Auch der Taillenumfang nahm im Lauf der 16 Jahre um ____________ zu. Der Brustumfang erweiterte sich von 94,7 cm auf ____________ und der Hüftumfang von ____________ auf 104,1 cm.

**Wortspeicher**

fünf
5,1 cm
4 cm
durchschnittlichen
Körpermaße
99,7 cm
elf
98,8 cm
1994
größer
1999
drei
Taille
Körpergröße
schwerer

### Materialien vergleichen – Informationen zueinander in Beziehungen setzen

**3** *Kreuze an, welche der Aussagen auf ein oder auf mehrere Materialien zutreffen. So kannst du leicht Übereinstimmungen und Unterschiede feststellen.*

| Aussage | M1 | M2 | M3 |
|---|---|---|---|
| a) Einige Models erkranken an Essstörungen, die im schlimmsten Fall zum Tod führen. | ☐ | ☐ | ☐ |
| b) Frauen werden heute im Vergleich zu früher immer größer und daher auch schwerer. | ☐ | ☐ | ☐ |
| c) Das Schlankheitsideal der Modeindustrie wirkt sich nicht nur auf einzelne Models aus, sondern (über Modezeitschriften und Kleidergrößen) auch auf die Kunden. | ☐ | ☐ | ☐ |
| d) Die natürliche Entwicklung eines durchschnittlichen Frauenkörpers verläuft in den letzten Jahren entgegengesetzt zu den Standards in der Modebranche. | ☐ | ☐ | ☐ |
| e) Die Größe Size Zero ist mit natürlichen Mitteln nur für wenige Frauen zu erreichen. | ☐ | ☐ | ☐ |
| f) Eine durchschnittliche erwachsene Frau im Jahr 1999 hat nicht die Kleidergröße eines durchschnittlich entwickelten 12-jährigen Mädchens. | ☐ | ☐ | ☐ |
| g) Dieser Schlankheitskult bedeutet für normale Frauen – Models wie Kunden – eine extreme gesundheitliche Gefährdung, bis hin zum Tod. | ☐ | ☐ | ☐ |
| h) Die Modeindustrie in einigen Ländern reagiert auf den Tod der Models, indem sie ein Mindestgewicht für Models in Form eines bestimmten BMI-Wertes vorgibt. | ☐ | ☐ | ☐ |

**4** *Verschaffe dir einen Überblick über die verschiedenen Aspekte des Themas, die in den Materialien angesprochen werden. Lege dafür folgende Mind-Map an und ergänze sie mit Hilfe deiner Vorarbeiten.*

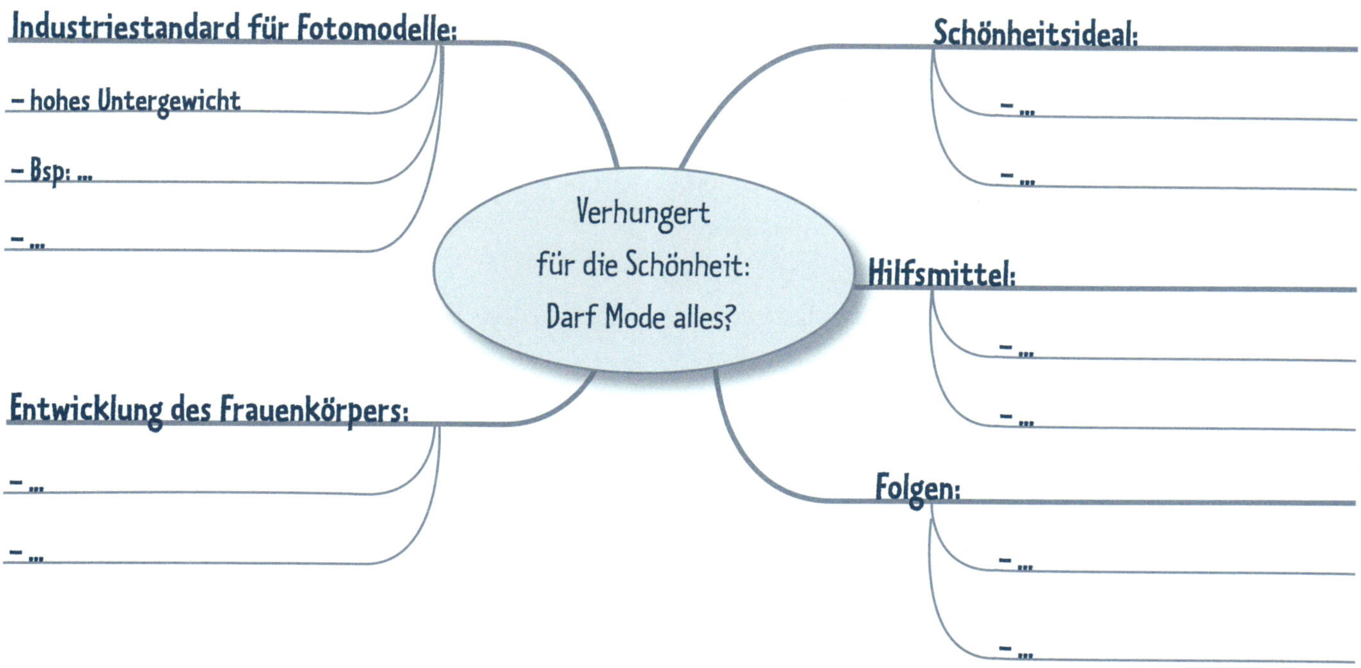


## Ideen für Maßnahmen entwickeln

**5** *Überlege dir nun als Grundlage für deine Stellungnahme, welche Aspekte bzw. Maßnahmen aus der Mind-Map man durch Gesetze oder Richtlinien beeinflussen kann und welche nicht. Lege eine Tabelle an:*

| leichter / direkt beeinflussbar | schwerer / nur indirekt beeinflussbar |
|---|---|
| | |
| | |
| | |

**6** *a) Spiele in Gedanken durch, welche der folgenden Maßnahmen du für Erfolg versprechend hältst. Kreuze an.*

| Man könnte... | erfolgreich | erfolglos |
|---|---|---|
| a) ... die Agenturen für Todesfälle haftbar machen (Fürsorgepflicht). | ☐ | ☐ |
| b) ... die Kleidergröße Size Zero aus dem Handel nehmen und verbieten. | ☐ | ☐ |
| c) ... Medikamentenmissbrauch kontrollieren und unter Strafe stellen. | ☐ | ☐ |
| d) ... nur noch Werbung mit normalgewichtigen Frauen zulassen. | ☐ | ☐ |

*b) Begründe deine Entscheidung:*

**7** *Fallen dir weitere Maßnahmen ein? Lies gegebenenfalls in den Materialien nach, welche Ansätze dort diskutiert werden.*

**8** *Formuliere mit Hilfe der nachfolgenden Begriffe Aussagen zu der Frage, ob und wie man den aufgezeigten Entwicklungen entgegenwirken sollte. Wähle jeweils zwei Begriffe, aus denen sich eine sinnvolle Antwort bilden lässt. Formuliere insgesamt sechs Antwortsätze, die aus Haupt- und Nebensatz bestehen.*
*Verwende z. B. die Konjunktionen:* **weil, da, obwohl, wenn, sodass, solange.**

Size Zero
Körpermaße
Entwicklung
Jugendliche
Fotomodell
Diät
Mindest-BMI
Normalgewicht
Verbot
Essstörungen
Schlankheitswahn
Fashion Week
Willkür
Mode-TÜV
Erfolgsdruck
Vorbilder
Getränkeindustrie
Schönheitsideal
Gesundheitstest
Werbung
Modedesigner
Laufsteg

## D Den Schreibplan erstellen

**1** *a) Überlege nun, welche Teile der Aufgabenstellung du besser in der Einleitung, im Hauptteil oder im Schlussteil unterbringst. Ordne sie durch Pfeile zu.*
*b) Finde für die verschiedenen Teilaufgaben geeignete Zwischenüberschriften. Notiere sie in einer sinnvollen Reihenfolge links in der Gliederung.*

| | |
|---|---|
| **Einleitung** | a) ... eine eigene Meinung zur Fragestellung darstellen und begründen |
| | b) ... aufzeigen, in welchen Punkten die Materialien übereinstimmen |
| **Hauptteil** | c) ... ein Fazit formulieren: z. B. Aufforderung, Wunsch, Warnung ... |
| | d) ... die Fragestellung wiedergeben und die Materialien benennen |
| **Schluss** | e) ... darauf eingehen, wo die Aussagen der Materialien sich widersprechen |
| | f) ... die Hauptaussagen von M1, M2 und M3 zusammenfassen |

**2** *Ist diese Einleitung vollständig? Ergänze die fehlenden Angaben.*

Für die Beantwortung der Fragestellung stehen drei Materialien zur Verfügung: In M1, dem Magazin der Süddeutschen Zeitung, wird eine neue Kleidergröße definiert, die in der Modewelt für Aufruhr gesorgt hat. Die Reportage „Tod eines Models“ von Harald Schmitt trägt Hintergrundinformationen zum Thema bei. Die statistischen Daten aus M3 zeigen eine gegenläufige Entwicklung, nämlich die der natürlichen Körpermaße von Frauen zwischen 1983 und 1999.

**TIPP**
**Nenne**
- ☐ die Fragestellung
- ☐ das Thema des Textes
- ☐ den Titel
- ☐ die Autoren
- ☐ die Textsorte
- ☐ die Quellen

**für alle Materialien!**

**3** *a) Stelle im ersten Abschnitt des Hauptteils zunächst die zentralen Aussagen der einzelnen Materialien dar. Notiere sie in Stichpunkten in deinem Heft. Greife dazu auf deine Untersuchungsergebnisse aus Teil B zurück.*
*b) Vergleiche die inhaltlichen Aussagen der einzelnen Materialien miteinander. Wähle aus den beiden Wortspeichern geeignete Formulierungen aus oder orientiere dich an den Leitsätzen.*

**Wortspeicher**
während
hingegen
aber, jedoch
übereinstimmend
einerseits ...
andererseits

Die beiden Zeitungsartikel geben ähnliche Informationen zur Fragestellung wieder: ...
Während im Jahreslexikon ... dargestellt wird, geht die Reportage auf die Hintergründe ... ein.
Die statistischen Daten der Hohensteiner Institute hingegen belegen ...

**Wortspeicher**
widersprechen
entsprechen
aussagen
verdeutlichen
abweichen
ergänzen

**4** *Lege für deine Stellungnahme ein Flussdiagramm an, in dem du deine Überlegungen in eine sinnvolle Reihenfolge bringst. Greife dafür auf mögliche Maßnahmen zurück (Teil C, Aufgabe 6–8) und sortiere sie der Wichtigkeit nach.*

Stellungnahme zur Ausgangsfrage: Ich meine, ______________________

______________________

überzeugendes Argument
+ Beispiel / Erläuterung

↓

überzeugenderes Argument
+ Beispiel / Erläuterung

↓

überzeugendstes Argument
+ Beispiel / Erläuterung

↓

Fazit (z. B. Appell, Wunsch, Warnung ...)

**5** *Löse nun mit Hilfe deiner Vorarbeiten die drei Aufgabenteile in einem zusammenhängenden Text.*

## E Den eigenen Text überarbeiten

**1** *Überarbeite deinen Aufsatz mit Hilfe der folgenden Checkliste.*

### ☑ Checkliste

| Hast du ... | + | – |
|---|---|---|
| ☐ ... die markierten zentralen Aussagen aus M1, M2 und M3 wiedergegeben? | ☐ | ☐ |
| ☐ ... Übereinstimmungen und Widersprüche der Materialien dargestellt? | ☐ | ☐ |
| ☐ ... die Ausgangsfrage eindeutig und nachvollziehbar beantwortet? | ☐ | ☐ |
| ☐ ... Argumente aus den Materialien entnommen und durch Beispiele gestützt? | ☐ | ☐ |
| ☐ ... darüber hinaus eigene Argumente und Beispiele ergänzt? | ☐ | ☐ |
| ☐ ... deine Argumente sinnvoll durch Konjunktionen miteinander verknüpft? | ☐ | ☐ |
| ☐ ... einen geeigneten Schluss gefunden, der sich aus deinem Aufsatz ergibt? | ☐ | ☐ |
| ☐ ... Rechtschreibung und Zeichensetzung auf ihre Richtigkeit überprüft? | ☐ | ☐ |

# „Helden des Alltags“ – Für den Lernstandstest trainieren

In diesem Kapitel trainierst du verschiedene **Aufgabenformate,** z. B. Aufgaben zum Einsetzen, Ankreuzen und Zuordnen oder so genannte Kurzantworten, wie sie in den Lernstandserhebungen oder in der zentralen Prüfung in Klasse 10 vorkommen. Inhaltlich geht es um das **Thema „Helden“,** auf das du dich in den folgenden Aufgaben einstimmen kannst, bevor auf Seite 78 der eigentliche Lernstandstest beginnt.

**1** *Was verbindest du mit dem Begriff „Held/Heldin“? Ergänze die folgende Mind-Map. Die Collage auf Seite 73 hilft dir.*

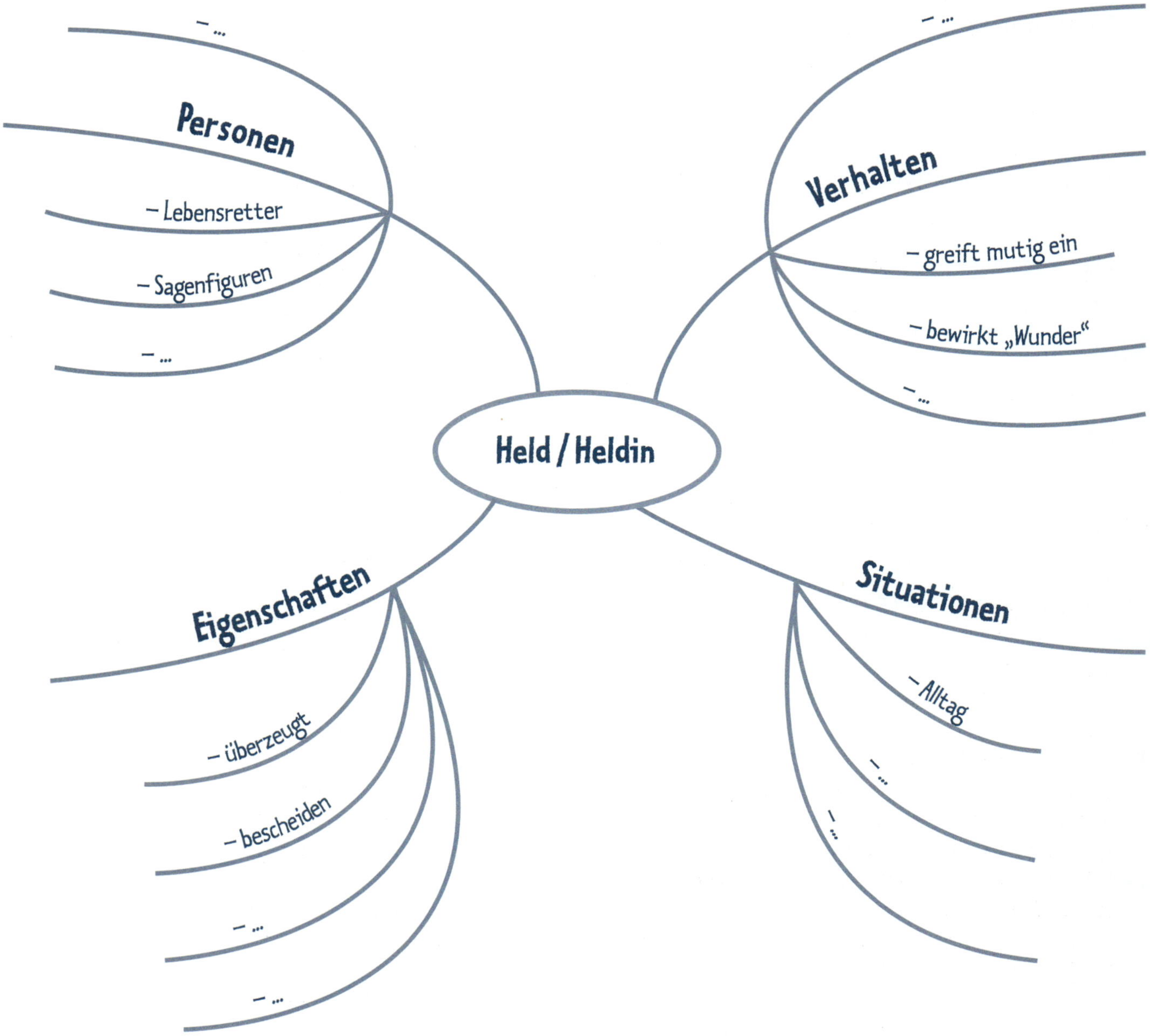

Barbara Siemes

## Klassische Helden

*In der ursprünglichen Bedeutung des Wortes sind Helden „berühmte Krieger edler Abkunft". Stark, tapfer und kampfgewandt – so werden Sagengestalten wie Siegfried aus dem Nibelungenlied beschrieben. Sie dienen den Menschen als Vorbilder. Sportler und Kriegshelden werden an den Attributen dieser Phantasiegestalten gemessen. Aber es gibt auch „stille" Helden, die nicht in dieses grandiose Bild passen: Sie helfen, weil sie dem Unrecht nicht zusehen können. Ihr Kampf findet im Alltag statt und häufig im Verborgenen.*

### Heldenverehrung

Fairness, Mannschaftsgeist, Bescheidenheit, dazu noch überragende sportliche Fähigkeiten [...] sind auch Kennzeichen eines „Helden" nach antikem[1] Vorbild. Doch wer ist er genau, der „Held"? Im Lexikon ist zu lesen, dass Helden ursprünglich „sich durch Tapferkeit und Kampfgewandtheit auszeichnende Männer" waren: Berühmte Krieger edler[2] Abkunft. Die Wurzeln dieser Auffassung von heroischen[3] Menschen reichen weit zurück: Wir finden sie in alten Mythen[4] und Sagen, in der Geschichtsschreibung der Antike. Auch die Sportler (Olympioniken) der frühen Olympischen Spiele (seit 776 vor Christus) wurden als glanzvolle Sieger gefeiert und nach ihrem Tod als Helden verehrt. Helden haben Menschen aller Kulturen und aller Zeiten fasziniert – bis heute hat sich daran nichts geändert.

### Helden der Menschheit

Ob nun bei Herakles, Achilleus, Siegfried oder anderen „klassischen" Helden: Eine auffällige Ähnlichkeit in der Charakteristik der Figuren und ihrer Lebensgeschichten ist durch die Jahrtausende in den verschiedensten Kulturen der Menschheit vorhanden! Große Kraft und Geschicklichkeit, Tapferkeit und charakterliche Stärken, ein tugendhaftes, vorbildliches Verhalten sowie der Mut, Außergewöhnliches zu wagen und zu leisten, tauchen in Abwandlungen immer wieder auf. Ebenso der Gedanke, dass wahre Helden für etwas Großartiges sterben müssen. Damit lässt sich auch die nicht selten fragwürdige Verehrung von Kriegshelden einordnen. Traurige Blüten trieb die Heldenverehrung jedoch, als die Nationalsozialisten die Sagenfigur Siegfried für ein vermeintlich[5] heldisches Menschenbild missbrauchten: Mannestreue, Gefolgschaft, Todesmut, diese Attribute nutzten die Nazis schamlos für ihre Zwecke aus.

### Wozu brauchen wir Helden?

Da kann vielleicht die Psychologie eine Antwort geben: Hier steht der Held für den „vorbildlichen Menschen, der sich um eine gesellschaftliche Erneuerung, um schöpferische Lebensbewältigung und Bewusstseinserweiterung[6] bemüht", so nennt es Dr. Lutz Müller. „Immer steht der Mensch, der das Neue, Unbekannte und Außergewöhnliche wagt, im Mittelpunkt des Interesses. Offenbar bilden sich in ihm die großen Hoffnungen und tiefen Sehnsüchte der Menschheit ab." Und die starke Anziehungskraft, die Helden ausüben, beruhe – so der Psychologe – auch auf der Fähigkeit, „ohne große Zweifel und Skrupel endgültige Lösungen herbeizuführen [...]."
Helden können also Trost spenden, Hoffnung vermitteln, Vorbilder sein. Bis heute werden Menschen mit diesen archaischen Merkmalen als Helden verehrt: Sportler, Eroberer, Forscher, Soldaten, aber auch Menschen, die sich für freie Religionsausübung und gegen Diskriminierung einsetzen, mutige Lebensretter, Politiker, Filmhelden und Öko-Aktivisten bis hin zu ehrenamtlichen Helfern, die zum Beispiel in Sterbehospizen arbeiten. So hat sich das Bild des Helden zwar ausgedehnt und verwischt – die uralten Grundtugenden stecken jedoch noch immer dahinter.

*Lutz Müller, aus: www.planet-wissen.de*

1 **antikem:** altertümlichem
2 **edler:** vornehmer, adeliger
3 **heroischen:** heldenhaften
4 **Mythen:** Göttergeschichten
5 **vermeintlich:** angeblich
6 **Bewusstseinserweiterung:** Horizonterweiterung

# Kurzantworten

**TIPP**

Bei manchen Aufgaben musst du eine **Kurzantwort** mit eigenen Worten formulieren. Antworte so kurz und genau wie möglich, aber immer in vollständigen Sätzen. Achte bei Begründungen darauf, Satzgefüge mit Konjunktionen zu verwenden (z. B.: weil, obwohl, indem ...).

**1** *Der Psychologe Dr. Lutz Müller behauptet, dass Helden als Abbild der „Hoffnungen und tiefen Sehnsüchte der Menschheit“ (Zeile 29–30) betrachtet werden können. Stimmst du dieser Aussage zu?*

a) ☐ Ja, ich stimme der Aussage zu.

b) ☐ Nein, ich stimme der Aussage nicht zu.

Begründung: ______________________________________________

______________________________________________

______________________________________________

______________________________________________

______________________________________________

## Multiple-Choice-Aufgaben

**TIPP**

Bei einer **Multiple-Choice-Aufgabe** („Auswahl-Aufgabe") musst du unter mehreren Lösungen die richtige auswählen. Hier gibt es nur eine richtige Antwort. In seltenen Fällen wird nach der **falschen** Aussage gefragt. Auch hier darfst du nur **ein** Kreuz setzen.

**Hinweis** Antworten, die dir nicht ganz falsch, aber auch nicht ganz richtig vorkommen, kreuze nicht an.

**1** *Was zeichnet Helden dem Text zufolge aus? Kreuze die richtige Aussage an.*

a) ☐ Helden gibt es nur in ganz wenigen Kulturen.
b) ☐ Heute gibt es keine wahren Helden mehr.
c) ☐ Helden waren schon immer überragende Sportler.
d) ☐ Helden verschiedener Kulturen zeigen auffällige Ähnlichkeiten.

**2** *Kreuze an: Welche Behauptung stimmt nicht mit den Aussagen im Text überein?*

a) ☐ Das Bild des Helden hat sich kaum gewandelt.
b) ☐ Helden dienen den Menschen als Vorbilder.
c) ☐ Heldentaten sollen vor Übermut warnen.
d) ☐ Helden werden auch heute noch gebraucht.

## Richtig-Falsch-Aufgaben

**TIPP**

Bei einer **Richtig-Falsch-Aufgabe** musst du entscheiden, ob eine Aussage richtig oder falsch ist, ob sie zutrifft oder nicht, im Text steht oder so nicht aus dem Text zu entnehmen ist. Oft hängt die Entscheidung für „richtig" oder „falsch" nur von einem Wort oder einer kleinen Formulierung ab. Lies deshalb sehr genau!

**Hinweis** Bei dieser Aufgabenart musst du für jede Aussage ein Kreuz an der entsprechenden Stelle (richtig / falsch; trifft zu / trifft nicht zu usw.) setzen.

**1** *Die Grundlagen des Heldentums reichen weit zurück. Entscheide, welche der folgenden Aussagen mit dem Text übereinstimmen.*

| | richtig | falsch |
|---|---|---|
| a) Siegfried aus dem Nibelungenlied ist ein „klassischer" Held. | ☐ | ☐ |
| b) Die Wurzeln des Heldentums finden sich in Fabeln. | ☐ | ☐ |
| c) Helden sind immer berühmt und auf der ganzen Welt bekannt. | ☐ | ☐ |
| d) Olympioniken wurden in der Antike als Helden verehrt. | ☐ | ☐ |
| e) Antike Helden waren in erster Linie Kriegsherren. | ☐ | ☐ |

**2** *Wie kann sich Heldenverehrung dem Text zufolge äußern? Kreuze an.*

| **Dem Text zufolge ...** | **trifft zu** | **trifft nicht zu** |
|---|---|---|
| a) ... ist die Verehrung von Kriegshelden oft fragwürdig. | ☐ | ☐ |
| b) ... ist die Verehrung von Rennfahrern immer fragwürdig. | ☐ | ☐ |
| c) ... missbrauchten die Nationalsozialisten die Sagenfigur Siegfried für ihre Zwecke. | ☐ | ☐ |
| d) ... war Siegfried ein tapferer Krieger in der Zeit des Nationalsozialismus. | ☐ | ☐ |

## Zuordnungsaufgaben

**TIPP**

Bei einer **Zuordnungsaufgabe** (auch Matching-Aufgabe, von englisch *to match* „zusammenpassen") musst du aus einer Menge von Wörtern, Satzteilen oder Sätzen zusammengehörende Paare bilden. Dabei ist in der Regel der Inhalt entscheidend.

**Hinweis** Geh in allen Zweifelsfällen nach dem Ausschlussverfahren vor: Bilde zuerst die Paare, bei denen du ganz sicher bist, dann fällt die Entscheidung zwischen den übrigen Paaren leichter.

**1** *Ordne die Begründungen für die Großschreibung (rechte Seite) den unterstrichenen Wörtern (linke Seite) zu.*

| | |
|---|---|
| a) im Alltag, zum Tod | 1) nominalisiertes Adjektiv |
| b) große Kraft und vorbildliches Verhalten | 2) Nomen mit der Endung -schaft, -ung, -tum |
| c) das Neue, Unbekannte | 3) Artikel mit Präposition verschmolzen |
| d) Tapferkeit, Bescheidenheit, Verhältnis | 4) vorangestelltes Adjektiv |
| e) Gefolgschaft, Verehrung, Heldentum | 5) Nomen mit der Endung -keit, -heit, -nis |

**2** *Verbinde die zueinanderpassenden Haupt- und Nebensätze.*

| | |
|---|---|
| a) Man muss nicht weltberühmt sein, | 1) damit sie verehrt werden. |
| b) Wahre Helden helfen nicht, | 2) übt eine starke Faszination aus. |
| c) Die „stillen" Helden helfen, | 3) weil sie Außergewöhnliches geleistet oder hervorgebracht haben. |
| d) Helden werden verehrt, | 4) weil sie dem Unrecht nicht zusehen können. |
| e) Die Fähigkeit eines Helden, die größten Probleme ein für alle Mal scheinbar mühelos zu lösen, | 5) um als Held zu gelten. |

## Einsetzaufgaben

### TIPP

Bei einer **Einsetzaufgabe** musst du passende Wörter in einen Lückentext einsetzen.
Hier gibt es drei Schwierigkeitsgrade:

1. Die gesuchten Begriffe stehen in einem Wortspeicher und können wörtlich, d. h. ohne Änderung eingesetzt werden.
2. Es existiert zwar ein Wortspeicher, aber du musst die Wörter noch in die jeweils richtige Beugungsform bringen („flektieren").
3. Du musst die Lücken selbst aus einem vorher angebotenen Text durch punktuelles Nachlesen heraussuchen oder aus deinem Vorwissen ergänzen.

**1** *Fülle die Lücken mit passenden Wörtern aus dem Wortspeicher, ohne im Text nachzulesen.*

Im Text heißt es wörtlich, dass Helden ursprünglich „sich durch ____________________ und Kampfgewandtheit auszeichnende Männer" waren. Diese Auffassung stammt bereits aus der ____________________. Auffällig ist die große ____________________ der Wesensmerkmale und Lebensgeschichten, die Helden bereits über mehrere ____________________ in den verschiedensten Kulturen der Menschheit aufweisen: Sie verfügen über Kraft und Geschicklichkeit, Tapferkeit und charakterliche ____________________. Denn sie zeigen vorbildliches Verhalten und haben den ____________________, Außergewöhnliches zu wagen und zu leisten. Bis heute werden Menschen als Helden verehrt, die derartige ____________________ zeigen. Psychologen gehen davon aus, dass der Mensch ein ____________________ nach einem Vorbild für sein Handeln hat; so erklärt man sich, dass das Heldenbild so haltbar, aber auch so wandlungsfähig ist.

### Wortspeicher

Eigenschaften – Jahrtausende – Tapferkeit – Stärken – Ähnlichkeit – Antike – Mut – Bedürfnis

Du hast jetzt die verschiedenen **Aufgabenformate** (Kurzantworten, Multiple-Choice-, Richtig-Falsch-, Einsetz- und Zuordnungsaufgaben) kennen gelernt. Auf den folgenden Seiten findest du einen ähnlich aufgebauten Test, der sich mit demselben Thema beschäftigt. Neben **Leseverständnis** und **Hörverstehen** (Teil 1) wird hier dein **Wissen über Grammatik und Rechtschreibung** (Teil 2) abgefragt. Der Test endet mit einem **freien Schreibauftrag** (Teil 3), wie er auch am Ende der Lernstandserhebung üblich ist.

## 1. Leseverstehen und Reflexion über Sprache

Die Loreley, bekannt als Fee und Felsen[1],
ist jener Fleck[2] am Rhein, nicht weit von Bingen,
wo früher Schiffer mit verdrehten Hälsen,
von blonden Haaren schwärmend, untergingen.

Wir wandeln uns. Die Schiffer inbegriffen.
Der Rhein ist reguliert und eingedämmt.
Die Zeit vergeht. Man stirbt nicht mehr beim Schiffen,
bloß weil ein blondes Weib sich dauernd kämmt.

Nichtsdestotrotz geschieht auch heutzutage
noch manches, was der Steinzeit ähnlich sieht.
So alt ist keine Heldensage,
dass sie nicht doch noch Helden nach sich zieht.

Erst neulich machte auf der Loreley
hoch überm Rhein ein Turner einen Handstand!
Von allen Dampfern tönte Angstgeschrei,
als er kopfüber an der Wand stand.

Er stand, als ob er auf dem Barren stünde.
Mit hohlem Kreuz. Und lustbetonten Zügen.
Man frage nicht: Was hatte er für Gründe?
Er war ein Held. Das dürfte wohl genügen.

Er stand, verkehrt, im Abendsonnenscheine.
Da trübte Wehmut seinen Turnerblick.
Er dachte an die Loreley von Heine[3].
Und stürzte ab. Und brach sich das Genick.

Er starb als Held. Man muss ihn nicht beweinen.
Sein Handstand war vom Schicksal überstrahlt.
Ein Augenblick mit zwei gehobnen Beinen
ist nicht zu teuer mit dem Tod bezahlt!

P.S.: Eins wäre allerdings noch nachzutragen:
Der Turner hinterließ uns Frau und Kind.
Hinwiederum, man soll sie nicht beklagen.
Weil im Bezirk[4] der Helden und der Sagen
die Überlebenden nicht wichtig sind.

*Erich Kästner*

1 **Fee:** In der literarischen Tradition eine blonde Frauengestalt mit Zauberkräften, in der Kunst oft als Nixe dargestellt.
2 **Fleck:** Stelle, Ort
3 **Loreley von Heine:** Heinrich Heines Gedicht „Loreley“ handelt von einer Frauengestalt, die auf einem Felsen im Rhein sitzt und Vorüberfahrende ins Unglück stürzt.
4 **im Bezirk:** in der Welt

**1** *Treffen die folgenden Aussagen auf das Gedicht zu oder nicht? Kreuze jeweils an.*

| | trifft zu | trifft nicht zu |
|---|---|---|
| a) Es geht um den tödlichen Unfall eines Turners. | ☐ | ☐ |
| b) Der Unfall ereignet sich am frühen Morgen. | ☐ | ☐ |
| c) Ort des Geschehens ist der Loreley-Felsen am Rhein. | ☐ | ☐ |
| d) Der Turner wird von den Überlebenden als Held gefeiert. | ☐ | ☐ |

*2 P.*

**2** *Welche der folgenden Aussagen ist richtig? Kreuze an.*

| **Kästners Gedicht ...** | richtig | falsch |
|---|---|---|
| a) ... bezieht sich auf Heines schöne Ehefrau Loreley. | ☐ | ☐ |
| b) ... setzt sich mit Heines Gedicht „Loreley" auseinander. | ☐ | ☐ |
| c) ... stellt den Turner als bewundernswerten Helden dar. | ☐ | ☐ |
| d) ... behauptet, dass der Heldentod kein Mitleid verdient. | ☐ | ☐ |

*2 P.*

**3** *„Die Zeit vergeht. Man stirbt nicht mehr beim Schiffen, bloß weil ein blondes Weib sich dauernd kämmt."*
*Wie ist dieser Satz gemeint? Kreuze die richtige Antwort an.*

a) ☐ Die Schifffahrt auf dem Rhein ist sicherer geworden.

b) ☐ Seeleute sind heute weniger risikofreudig als früher.

c) ☐ Heute übt die Loreley als Sagenfigur keine Macht mehr aus.

d) ☐ Blonde Frauen sind heute nicht mehr so beliebt wie damals.

*1 P.*

**4** *Das Gedicht trägt keine Überschrift. Welcher der folgenden Titel passt deiner Meinung nach am besten?*
*Begründe deine Meinung in einigen Sätzen.*

**Vorschlag A: Eine Heldensage mit bösen Folgen**

**Vorschlag B: Der Handstand auf der Loreley**

**Vorschlag C: Vom Tod eines „Helden"**

**Vorschlag D: Die „Helden" von heute**

Am besten passt Vorschlag: ☐

Begründung: ____________________________________________

____________________________________________

____________________________________________

____________________________________________

____________________________________________

*2 P.*

**5** *a) Ob sich Kästner mit seinem Gedicht auf eine wahre Begebenheit bezieht, ist nicht bekannt. Folgender Zeitungsartikel könnte dem Gedicht zu Grunde liegen. Lies ihn zunächst durch.*

## Tod am Rhein

Gestern Abend ereignete sich am wohl bekanntesten Felsen des Rheintals, der Loreley, ein tragischer Unfall. Ein junger Mann stürzte bei einer waghalsigen Akrobatikvorführung in den Tod. Besatzung und Gäste eines Ausflugsschiffes berichteten schockiert, dass er in schwindelnder Höhe einen vollendeten Handstand gemacht habe und dann plötzlich vom Felsen in die Tiefe gefallen sei. Der Mann hinterlässt eine Frau und einen fünfjährigen Sohn.

Die Motive des Familienvaters bleiben indes unklar. Die Polizei ermittelt, ob es sich um einen ungewöhnlichen Selbstmord gehandelt haben könnte. Die Bewohner von Bingen sprechen hingegen von einem weiteren Opfer der Loreley.

*b) Vergleiche den Zeitungsartikel mit dem Gedicht. Ordne die passenden Paare aus Gedicht und Zeitungsartikel einander zu.*

| | |
|---|---|
| a) von allen Dampfern tönte Angstgeschrei | 1) bei einer waghalsigen Akrobatikvorführung |
| b) im Abendsonnenscheine | 2) die Motive [...] bleiben indes unklar |
| c) Fleck am Rhein, nicht weit von Bingen | 3) gestern Abend |
| d) ein Augenblick mit zwei gehobnen Beinen | 4) am wohl bekanntesten Felsen des Rheintals |
| e) man frage nicht: Was hatte er für Gründe? | 5) Besatzung und Gäste eines Ausflugsschiffes berichteten schockiert |

2,5 P.

**6** *Welche der folgenden Aussagen treffen auf das Gedicht, welche auf den Zeitungsbericht, welche auf beide Texte zu? Kreuze an.*

| **Der Text ...** | **Gedicht** | **Bericht** |
|---|---|---|
| a) ... informiert über die Hinterbliebenen. | ☐ | ☐ |
| b) ... schildert den Unfallhergang. | ☐ | ☐ |
| c) ... bezieht sich auf ein aktuelles Ereignis. | ☐ | ☐ |
| d) ... beantwortet wichtige W-Fragen (Wann? Wo? Wer? Wie? usw.). | ☐ | ☐ |
| e) ... geht auf die Gefühle der beteiligten Personen ein. | ☐ | ☐ |
| f) ... gibt den Vorfall neutral und sachlich wieder. | ☐ | ☐ |
| g) ... macht Aussagen zu den Motiven des Turners. | ☐ | ☐ |
| h) ... enthält wertende Aussagen zum Geschehen. | ☐ | ☐ |
| i) ... ist in Versen geschrieben und reimt sich. | ☐ | ☐ |
| j) ... besteht aus neun Strophen. | ☐ | ☐ |

5 P.

**7** *Kästner geht mit dem Thema „Heldentum" ironisch um. Suche mit Hilfe des Tipps drei ironische Textstellen und formuliere, wie sie deiner Ansicht nach tatsächlich gemeint sind.*

Beispiel 1: Zeile 19–20

Dieser Turner ist kein Held, denn ein simpler Kopfstand ...

Beispiel 2: Zeile ______

Beispiel 3: Zeile ______

**TIPP**

**Ironisch** sind solche Äußerungen, die das Gegenteil von dem zum Ausdruck bringen sollen, was eigentlich gesagt wird (= uneigentliches Sprechen). Zwischen Gesagtem und Gemeintem besteht ein Widerspruch, der durch starke Über- oder Untertreibung deutlich gemacht wird. Ironie wird oft verwendet, um Kritik zu üben oder etwas / jemanden zu verspotten.

*3 P.*

**8** *a) Lies den folgenden Auszug aus der Textanalyse eines Schülers:*

Kästners Ballade ist an vielen Stellen lustig, hat aber dennoch einen ernsthaften Hintergrund. Es geht darum, dass eine riskante, waghalsige Tat vor Publikum noch niemanden zum Helden macht. Kästner zeigt das durch die Ironie, die er verwendet, zum Beispiel in der letzten Strophe, in der von der Frau und dem Kind des Turners die Rede ist, die als „nicht wichtig" bezeichnet werden.

*b) Hältst du die Aussagen des Schülers für angemessen? Begründe deine Meinung in wenigen Sätzen.*

*6 P.*

**9** *a) Kennst du diese „Helden“? Lies die jeweiligen Kurzbeschreibungen.*

**Superman**

Ursprünglich eine US-amerikanische Comicfigur, die 1932 erfunden wurde. Der Superheld im blauen Anzug und roten Umhang hat übermenschliche Kräfte, einen „Röntgenblick“ und kann fliegen. Diese Kräfte setzt er für gute Zwecke ein: Er hilft Menschen, die in (Lebens-)Gefahr sind und bekämpft das Verbrechen. Er stammt vom Planeten Krypton.

**Hans und Sophie Scholl**

Die Geschwister Scholl gehörten der Weißen Rose an, einer hauptsächlich aus Studenten bestehenden Gruppe, die im Untergrund Widerstand gegen den Nationalsozialismus leistete. Beide wurden wegen der Verteilung von Flugblättern an der Universität in München festgenommen und 1943 vom Volksgerichtshof zum Tode verurteilt und hingerichtet.

**Michael Schumacher**

Ehemaliger deutscher Formel-1-Rennfahrer. Er hat die Formel-1-Weltmeisterschaft sieben Mal gewonnen und ist damit der erfolgreichste Pilot dieser Rennserie. Zahlreiche Rekorde hat er mit einigen lebensgefährlichen Unfällen bezahlt. Nun will er sich mehr ins Privatleben zurückziehen und Nachwuchstalente im Rennsport fördern.

*b) Welche der folgenden Aussagen trifft auf alle abgebildeten Figuren / Personen zu? Kreuze an.*

| | trifft zu | trifft nicht zu |
|---|---|---|
| A) Sie verfügen alle über besondere Körperkräfte. | ☐ | ☐ |
| B) Sie sind alle Personen der Zeitgeschichte. | ☐ | ☐ |
| C) Alle riskieren ihr Leben für höhere Ideale. | ☐ | ☐ |
| D) Sie haben alle etwas Außergewöhnliches geleistet. | ☐ | ☐ |

*2 P.*

*c) Welche der oben abgebildeten Figuren ist für dich am ehesten ein Held? Begründe.*

Für mich ist / sind am ehesten ______________ ein Held / eine Heldin, weil ______________

______________________________

______________________________ *3 P.*

**10** *Was würdest du tun, wenn du ein Held wärst? Bilde mit den Verben aus dem Wortspeicher je vier Sätze im Konjunktiv II und mit der Umschreibung durch* ***würde****. Schreibe sie in dein Heft.*

Wenn ich ein Held wäre, gäbe es in der Schule keine Schlägerei mehr.

Ich würde mich dafür einsetzen ...

**Wortspeicher**

versuchen
überzeugen
retten
helfen
kommen
fördern
geben
eingreifen

*4 P.*

**11** *Die folgende Lösung zu Aufgabe 10 enthält zehn Rechtschreibfehler. Korrigiere sie, indem du die richtige Schreibweise in das freie Kästchen unter dem fehlerhaften Wort einträgst.*

| | | | | | | | | | | | | | |
|---|---|---|---|---|---|---|---|---|---|---|---|---|---|
| Wenn | ich | ein | Held | wäre | , | hätte | ich | übermenschliche | Kräfte | . | Damit | würde | |
| | | | | | | | | | | | | | |
| ich | voller | Entusiasmus | versuchen | , | den | vielen | armen | Menschen | auf | der | Welt | | |
| | | | | | | | | | | | | | |
| ein | besseres | Leben | zu | ermöglichen | . | Ich | ginge | z. B. | für | längere | Zeit | nach | |
| | | | | | | | | | | | | | |
| Afrika | , | um | dort | für | bessere | higienische | Bedingungen | und | ein | gutes | Schul- | | |
| | | | | | | | | | | | | | |
| system | zu | sorgen | . | Das | wichtigste | wäre | aber | , | das | alle | Menschen | genug | |
| | | | | | | | | | | | | | |
| zu | essen | haben | . | Dafür | würde | ich | an | die | reichen | Länder | der | Welt | |
| | | | | | | | | | | | | | |
| apellieren | , | etwas | von | ihrem | Geld | abzugeben | . | Ich | selbst | gäbe | auch | die | |
| | | | | | | | | | | | | | |
| hälfte | meines | Geldes | ab | . | Wenn | nicht | alle | nur | den | eigenen | Profiet | im | |
| | | | | | | | | | | | | | |
| Auge | hätten | , | nicht | immer | nur | konsumirten | , | sondern | auch | abgeben | wür- | | |
| | | | | | | | | | | | | | |
| den | , | würde | das | viele | vor | dem | verhungern | retten | . | Wenn | ich | dann | aus |
| | | | | | | | | | | | | | |
| Afrika | zurückkäme | , | würde | ich | den | übrigen | helfen | . | So | einfach | ist | das! | |
| | | | | | | | | | | | | | |

*10 P.*

**12** *Welche der folgenden Aussagen treffen auf den Konjunktiv II zu? Kreuze an.*

| **Der Konjunktiv II ...** | **trifft zu** | **trifft nicht zu** |
|---|---|---|
| a) ... beschreibt eine nicht wirkliche Situation. | ☐ | ☐ |
| b) ... gibt die Meinung eines Anderen wieder. | ☐ | ☐ |
| c) ... wird aus dem Präteritum *oder* mit der Ersatzform „würde" gebildet. | ☐ | ☐ |
| d) ... wird für die Vorvergangenheit verwendet. | ☐ | ☐ |

*2 P.*

## 2. Zuhören und verarbeiten

**1** *Auch Aufgaben zum Hörverstehen können ein Bestandteil einer Lernstandserhebung sein. Lass dir den folgenden Text „Großes Lob für junge Lebensretter" in normalem Sprechtempo vorlesen. Während des Zuhörens darfst du dir Notizen machen.*

**TIPP**

Halte Papier und Stift bereit. **Notiere** beim Zuhören nur **zentrale Begriffe** (Schlüsselwörter). Versuche auf keinen Fall, ganze Sätze mitzuschreiben! Nutze **Abkürzungen** und **Symbole**, um Zusammenhänge darzustellen (Pfeile, Ausrufezeichen, Fragezeichen, Smileys usw.)

### Großes Lob für junge Lebensretter

In einem Mehrparteienhaus brach am Sonntag, dem 13. August, durch eine defekte Steckdose ein Wohnungsbrand aus. Drei 17-Jährige haben durch couragiertes Handeln Menschenleben gerettet. Einer der jungen Helden sitzt jetzt hier vor mir.

**Reporter:** Raphael, was genau ist denn passiert?
**Raphael:** Es war frühmorgens, so gegen sieben. Patrick, Sarah und ich kamen gemeinsam von einer Fete und wollten Brötchen holen. Plötzlich bemerkten wir einen beißenden Geruch, aus Fenstern und Türen qualmte Rauch.
**Reporter:** Wo war das?
**Raphael:** In der Gevelsberger Straße 18.
**Reporter:** Und dann habt ihr nicht lange gefackelt ...
**Raphael:** Nein, denn die Bewohner schliefen offenbar noch. Patrick hat Sturm geklingelt, aber es öffnete niemand. Sarah hat inzwischen mit dem Handy die Feuerwehr gerufen.
**Reporter:** Aber ihr habt nicht auf die Feuerwehr gewartet ...
**Raphael:** Ich habe meine Kapuze vor das Gesicht gezogen und die Tür eingetreten. Es dauerte ewig, bis der erste Bewohner endlich aus der Tür stolperte. Wir mussten ihn mit aller Kraft zurückhalten, damit er nicht zurückgeht. Sein Mitbewohner war ja noch in der Wohnung. Wir sind nicht von der Tür gewichen, bis beide in Sicherheit waren.
**Reporter:** Und der Qualm? Seid ihr nicht fast erstickt?
**Raphael:** Na ja, wir wurden zwar mit Verdacht auf Rauchvergiftung ins Krankenhaus gebracht, durften aber am selben Abend wieder gehen. Glück gehabt.
**Reporter:** Das kann man wohl für alle Beteiligten sagen – nicht jeder hätte so kurz entschlossen gehandelt.
**Raphael:** Für uns war das gar keine Frage, wir mussten etwas tun.

**2** *Welche Geschehnisse haben sich ereignet, welche nicht? Kreuze an.*

| | stimmt | stimmt nicht |
|---|---|---|
| a) Der Brand wurde durch eine defekte Steckdose ausgelöst. | ☐ | ☐ |
| b) Aufmerksame Nachbarn alarmierten sofort die Feuerwehr. | ☐ | ☐ |
| c) Als niemand die Tür öffnete, trat Raphael sie kurz entschlossen ein. | ☐ | ☐ |
| d) Die Jugendlichen erlitten eine sehr schwere Rauchvergiftung. | ☐ | ☐ |

*3 P.*

**3** *Wie haben die Jugendlichen sich bei dem Vorfall verhalten? Kreuze an.*

| **Die Jugendlichen haben ...** | stimmt | stimmt nicht |
|---|---|---|
| a) ... mit dem Handy die Feuerwehr gerufen. | ☐ | ☐ |
| b) ... bei der Rettungsaktion ihr Leben riskiert. | ☐ | ☐ |
| c) ... einen Bewohner davon abgehalten, ins Haus zurückzukehren. | ☐ | ☐ |
| d) ... zögerlich und unentschlossen reagiert. | ☐ | ☐ |

*2 P.*

**4** *a) In einer Diskussion über den Vorfall äußern die Klassenkameraden der Jugendlichen unterschiedliche Positionen. Lies sie zunächst in Ruhe durch.*

*Diana meint:*

„Die haben sich ziemlich unvernünftig und waghalsig verhalten. Was da alles hätte passieren können! Sie mussten ja sogar ins Krankenhaus. Ich würde so etwas nie machen! Es hätte doch gereicht, die Feuerwehr zu rufen."

*Alexander entgegnet:*

„Für mich sind das Helden. Ich finde es mutig und entschlossen, nur mit der Kapuze über dem Gesicht die Tür einer brennenden Wohnung einzutreten. Vielleicht wären die Bewohner sonst verbrannt!"

*Steffi sagt:*

„Die drei jetzt gleich ‚Helden' zu nennen, finde ich etwas übertrieben. Aber Lebensretter sind sie auf jeden Fall. Sie haben geholfen, sind aber nicht ohne sich zu schützen in die brennende Wohnung gerannt. Das war vorbildlich."

3 P.

*b) Welche Position kannst du teilen? Begründe deine Meinung in wenigen Sätzen in deinem Heft.*

**5** *a) Betrachte folgende Grafik. Welche Aussage ist richtig, welche nicht? Kreuze an:*

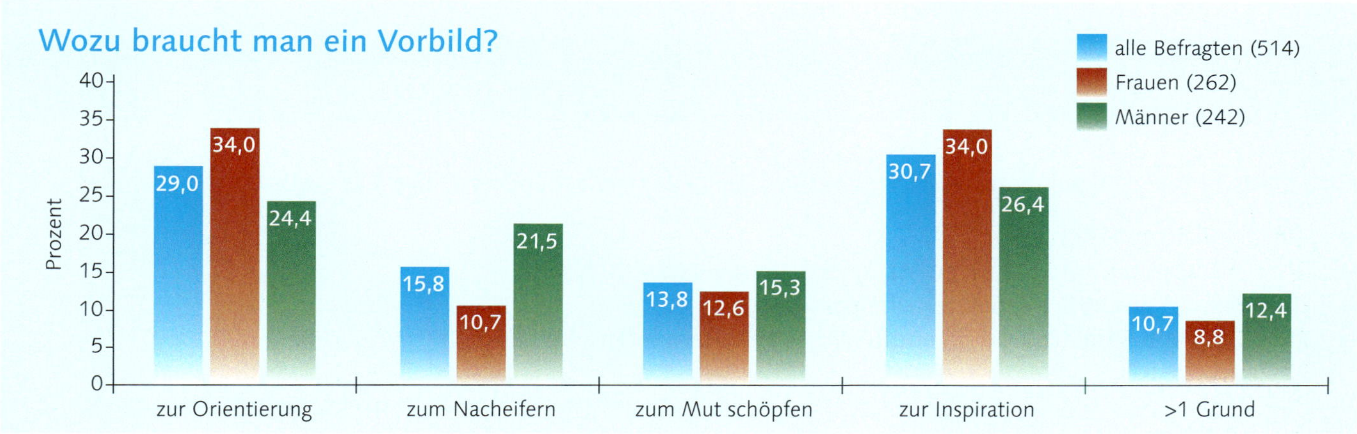


| | richtig | falsch |
|---|---|---|
| a) Knapp einem Drittel aller Befragten dienen Vorbilder zur Inspiration. | ☐ | ☐ |
| b) 10,7 % der Männer gaben mehrere Gründe als Antwort an. | ☐ | ☐ |
| c) Weniger Frauen als Männer betrachten Vorbilder als Quelle, um Mut zu schöpfen. | ☐ | ☐ |
| d) 34 % der Frauen nutzen Vorbilder zur Orientierung. | ☐ | ☐ |
| e) Die Hälfte aller Frauen orientieren sich an ihren Vorbildern. | ☐ | ☐ |
| f) Mehr Männer als Frauen eifern Vorbildern nach. | ☐ | ☐ |

3 P.

*b) Wandle die Grafik in eine Tabelle um, die die Rangfolge der Gründe – sortiert nach Männern und Frauen – angibt.*

| **Frauen** | **Männer** |
|---|---|
| Platz 1: ______ | Platz 1: ______ |
| Platz 2: ______ | Platz 2: zur Orientierung |
| Platz 3: ______ | Platz 3: ______ |
| Platz 4: ______ | Platz 4: ______ |

3,5 P.

## 3. Schreiben

**1** *Gehe von folgender* ***Situation*** *aus:*

**Deine Schule veranstaltet eine Projektwoche zum Thema „Helden des Alltags – Zivilcourage".**
Alle Veranstaltungen sollen unter einem gemeinsamen Motto stehen. Drei Zitate sind in die engere Wahl gekommen. Als Schülervertreter bist du aufgefordert, dich für eines davon zu entscheiden und deine Wahl schriftlich zu begründen. Wenn deine Begründung so verfasst ist, dass sie die Schulleitung und das Festkomitee überzeugt, gilt deine Wahl als verbindlich.

*Folgende Zitate stehen zur Auswahl:*

Zitat 1: **„Jeder ist verantwortlich für das, was er geschehen lässt."**
*Geschwister Scholl (Mitglieder der Weißen Rose)*

Zitat 2: **„Das Böse braucht das Schweigen der Mehrheit."**
*Kofi Annan (ehemaliger UNO-Generalsekretär)*

Zitat 3: **„Je mehr Bürger mit Zivilcourage ein Land hat, desto weniger Helden wird es einmal brauchen."**
*Franca Magnani (ARD-Korrespondentin)*

*Für die Auswahl und Begründung des Mottos hat sich die SV auf vier Kriterien geeinigt: Das Motto sollte …*

→ ... kurz und einprägsam sein,
→ ... für Schülerinnen und Schüler aller Altersstufen verständlich sein,
→ ... zum Schwerpunkt der Projektwoche passen,
→ ... im Alltag von Kindern und Jugendlichen eine Rolle spielen.

**Hinweis** Du hast für diese Aufgabenstellung nur 30 Minuten Bearbeitungszeit!

**2** *Damit du in deiner Begründung keine Kriterien vergisst, kannst du dir hier kurze Notizen machen. (Sie werden nicht bewertet).*

| Zitat | kurz und einprägsam? | verständlich für alle Jahrgänge? | passend zum Schwerpunkt? | Teil des Alltags? |
|---|---|---|---|---|
| 1 | | | | |
| 2 | | | | |
| 3 | | | | |

**24 P.**

**3** *Entscheide dich nun für ein Zitat und begründe deine Wahl mit Hilfe der Kriterien.*

# 4. Texte überarbeiten

Andreas, ein Schüler der 9. Klasse, ist von der Idee so begeistert, die Projektwoche mit einem Zitat als Motto zu überschreiben, dass er nach weiteren Zitaten gesucht hat. Er möchte folgendes Zitat vorschlagen:

> **„Es gibt nichts Gutes, außer man tut es."**
> *Erich Kästner (Schriftsteller)*

**1** *Andreas' erster Entwurf für eine Begründung wurde bereits in einer Schreibkonferenz korrigiert. Sieh dir genau an, welche Arten von Fehlern vorkommen und verbessere die Sätze in deinem Heft.*
***Hinweis zu den Fehlerarten:** stilistische Fehler (z. B. Umgangssprache, unpassende Wortwahl): **Ausdruck** – Beziehungsfehler: **Bz** – Wiederholungen: **Wdh.** – falscher Satzbau: **Sb** – grammatischer Fehler (z. B. Präposition, Tempus, Numerus falsch): **Gr*** — *6 P.*

(1) Es ist immer gut, eine Projektwoche unter ein Motto zu stellen. (2) Ein Zitat von einer Person auszusuchen, die jeder kennt, finde ich eine super Idee. (3) Erich Kästner ist eine Person, die jeder kennt. (4) Schließlich heißt unsere Schule so, und das weiß ja jeder hier. (5) Wahrscheinlich hat auch jeder schon mal die Kinderbücher gelesen. (6) Die haben ihn schließlich nicht nur in Deutschland, sondern weltberühmt gemacht. (7) Kästner schlage ich auch darum vor, weil er selbst Gutes tut. (8) Weil er hat auch kritische Dinge geschrieben wegen den Nazis unter Hitler und seine Bücher wurden verbrannt. (9) Er durfte nicht mehr schreiben. (10) Er ist aber in Deutschland geblieben und hat weiter geschrieben ...

Wdh. / Ausdruck
Wdh. / Ausdruck
Wdh. / Wdh. / Bz
Wdh. / Sb
Sb / Gr
Sb / Wdh. / Gr / Ausdruck
Wdh. / Wdh. / Wdh.
Wdh.

**2** *Im zweiten Teil der Begründung sind bisher nur die Fehler im Text unterstrichen. Ergänze selbst die Fehlerart am Rand und notiere in deinem Heft Satz für Satz Verbesserungsvorschläge.* — *6 P.*

... (11) Viele Gedichte handeln über Menschen, die nicht selbst denken, aber viel daherreden, aber nichts tun, hierum geht es auch in dem Zitat. (12) Die Schwätzer sollten einfach mal die Klappe halten und zupacken. (13) Das ist nämlich nicht so einfach wie rumlabern. (14) Das gibt es bei uns an der Schule ja auch jeden Tag. (15) Dass er mit eigenem Beispiel vorangeht, da können wir uns mal eine Scheibe abschneiden. (16) Wenn keiner was macht – das wird dann eben nicht besser! ...

______
______
______
______
______
______

**3** *Im letzten Teil der Begründung hat die Schreibkonferenz ähnliche Fehler bemerkt, ist aber nicht fertig geworden. Markiere die Fehler, notiere die Fehlerart am Rand und verbessere die Sätze in deinem Heft.* — *6 P.*

... (17) Das Zitat ist einfach, knackig und auch für die Kiddies in der fünften Klasse verständlich. (18) Das finde ich gut, weil das geht alle an. (19) Vielleicht tut sich hier echt mal was, wenn wir eine Projektwoche machen und die unter so ein Motto stellen wie das von Erich Kästner. (20) Obwohl es wäre gut, wenn wir auch sonst so handeln, das wäre nämlich ein klasse Schulmotto für jeden Tag.

______
______
______
______
______

## Textquellenverzeichnis

**S. 10/11:** UNICEF, gekürzt und neu zusammengestellt aus Texten der Homepage: www.unicef.de, vom 02.07.2007

**S. 22:** Peter Bichsel: Der Milchmann; aus: Eigentlich möchte Frau Blum den Milchmann kennenlernen. 21 Geschichten. Suhrkamp Verlag, Frankfurt/M. 1996

**S. 28:** Gabriele Wohmann: Wachsfiguren; aus: Habgier. Erzählungen. Verlag Eremiten-Presse, Düsseldorf 1973, S.43-46

**S. 40/41:** Ulrich Stock: Der geborene Werbeträger; aus: DIE ZEIT, 16.08.2001 (gekürzt)

**S. 46/47:** Willy Fährmann: Die letzte Fähre; aus: Ferne Bilder – nahe Welten. Erzählungen, Arena Verlag, Würzburg 2002, S. 80–89

**S. 52:** Ludwig Jacobowski: Großstadt-Lärm; aus: Ausklang – Neue Gedichte aus dem Nachlass. Hg. von Rudolf Steiner. J. C. C. Bruns Verlag, Minden 1901, S. 202

**S. 58:** oben: *Hamburger;* aus: Microsoft Encarta Enzyklopädie 2000

**S. 58:** Mitte: Wolfgang Seidel: *Hamburger;* aus: Wolfgang Seidel: *Woher kommt das schwarze Schaf? Was hinter unseren Wörtern steckt,* Deutscher Taschenbuch Verlag, München 2006, S. 242

**S. 58:** unten: *Wortfeld „Hamburger“;* aus: Dudenredaktion (Hrsg.): Duden. Deutsches Universalwörterbuch, 4., neu bearb. und erw. Aufl., Mannheim 2001, S. 704

**S. 64/65:** Andreas Bernhard: *Size Zero,* aus: Magazin der Süddeutschen Zeitung, Nr. 52, 29.12.2006 (gekürzt)

**S. 64:** Joachim Rienhardt und Jochen Siemens: *Der Tod eines Models;* aus: Stern Nr. 1, 1/2007 (gekürzt)

**S. 73:** Barbara Siemes: Klassische Helden; nach dem gleichnamigen Text auf www.planet-wissen.de vom 02.07.2007 (gekürzt)

**S. 78:** Erich Kästner: Der Handstand auf der Loreley; aus: Gesang zwischen den Stühlen. Atrium Verlag, Hamburg 1985

## Bildquellenverzeichnis

**S. 10 oben links:** ullstein bild / Lineair
**S. 10 oben rechts, unten rechts:** UNICEF, Köln
**S. 10 unten links:** ullstein bild / Still Pictures
**S. 16, 40 Mitte:** Corel Library
**S. 23 links oben, links unten, 73, 82 Mitte:** akg-images
**S. 23 oben rechts:** ullstein bild / Bernd Thiele-Malwitz
**S. 23 unten rechts:** Jaroslav Schwarzstein
**S. 40 links:** picture-alliance / © Euroluftbild / Helga Lade
**S. 40 rechts:** picture-alliance / © dpa – Sportreport
**S. 52, 78** picture-alliance / akg-images
**S. 74 oben links, oben Mitte, 82 rechts:** picture-alliance / dpa-Fotoreport
**S. 74 oben rechts:** CINETEXT
**S. 74 Mitte links:** ullstein bild / ap
**S. 74 Mitte rechts:** © Warner Bros. / CINETEXT
**S. 74 unten links:** picture-alliance / © akg-images / Archiv Peter Ruehe
**S. 74 unten Mitte:** picture-alliance / © dpa-Fotoreport
**S. 74 unten rechts:** picture-alliance / Photoshot
**S. 80** picture-alliance / © Bildagentur Huber
**S. 82 links:** © KPA
**S. 85** Grafik nach: http://www.vorbilder-jetzt.de/img/061016_Umfrageergebnisse.pdf, S. 7 vom 02.07.2007

Redaktion: Caroline Stiller
Bildrecherche: Gabi Sprickerhof
Illustration: Jaroslav Schwarzstein, Hannover

Umschlaggestaltung: Katrin Nehm
Layoutkonzept: Katharina Wolff
Layout und technische Umsetzung: L101 Mediengestaltung, Berlin

**www.cornelsen.de**



1. Auflage, 5. Druck 2012



Druck: Himmer AG, Augsburg

ISBN 978-3-464-68094-0

Inhalt gedruckt auf säurefreiem Papier aus nachhaltiger Forstwirtschaft.

# Deutschbuch

## Trainingsheft für Klassenarbeiten und Lernstandstests

*Gymnasium Nordrhein-Westfalen*

**Lösungen** **8**

## ▹S. 6 Schulprojekt „Ohne Gewalt stark“ – Einen Zeitungsbericht verfassen

### ▹S. 6 A Die Aufgabe verstehen

**1** *d*

### ▹S. 7 B Stoff sammeln

**1** *c*

**2** *Wichtige Fragen lauten: Wer? Wann? Wo? Was? Wie? Warum? Welche Folgen?*

**3** *Die Äußerung von Herrn Lehmann/dem Hausmeister ist nicht brauchbar, weil er nicht inhaltlich zur Projektwoche Stellung nimmt.*

**4**

| | |
|---|---|
| *Wer?* | *„Schülerinnen und Schüler am Bertolt-Brecht-Gymnasium“ (Z. 21), Polizei (Z. 12); „gemeinsam mit den Schülerinnen und Schülern“ (Z. 24)* |
| *Wann?* | *„Projektwoche vom 25.–29. Juni“ (Z. 15); „… von 8.00–12.30 Uhr …“ (Z. 29), „nachmittags“ (Z. 30)* |
| *Wo?* | *„Bertolt-Brecht-Gymnasium in Duisburg“ (Z. 21)* |
| *Was?* | *„Projektwoche zum Thema ‚Ohne Gewalt stark‘“ (Einführungsteil, Z. 7, 15, 29); Methoden und Strategien […], um Streithähne […] zu versöhnen.“ (Z. 6); „in verschiedenen Workshops“ (Z. 29)* |
| *Wie?* | *„Jeder konnte sich für zwei Workshops anmelden“ (Z. 1); „z. B. Mobbing – Wie kann ich mich ohne Gewalt wehren, Streitschlichterausbildung, Meditativer Kampfsport, Fair streiten, Offen sein – ohne Beleidigungen, Selbstverteidigung für Mädchen“ (Z. 1–4); „… finden viele nachmittags noch Zeit, verschiedene Veranstaltungen und Vorträge […] zu besuchen (Z. 30–31); Polizei arbeitet mit (Z. 24–25)* |
| *Warum?* | *„… Wir lernen 'ne Menge darüber, wie Gewalt entsteht und wie man sie vermeiden kann.“ (Z. 7–8); „Prügelei […] im Frühsommer, bei der ein Schüler eine gebrochene Nase zurückbehielt.“ (Z. 15–16); „Viele sind selbst bereits Opfer von Gewalt geworden, […] von Beschimpfungen über Ohrfeigen bis hin zu Prügeleien. […] Ziel war es, […] Gewalt […] zu verhindern oder zumindest zu vermindern.“ (Z. 22–25)* |
| *Welche Folgen?* | *„Die Idee, dass jeder eine Vereinbarung unterschreiben soll und sich damit verpflichtet, bei Gewalt wie Mobbing oder Erpressung nicht wegzuschauen, sondern etwas zu unternehmen […]“ (Z. 8–10 und Z. 25–26); „Die Präsentation der Ergebnisse […] auf dem Schulfest […] in unserer Aula […].“ (Z. 19–20)* |

### ▹S. 7 C Übungen

**1** *Zum Hintergrundbericht gehören die Aussagen b und d, zum Ereignisbericht die Aussagen a und c.*

**2** *Nicht vorkommen dürfen:* ***wertende Beschreibungen, spannender Höhepunkt, Vermutungen, ausschmückende Adjektive, persönliche Kommentare***

**3** *Folgende Formulierungen sollten ~~gestrichen~~ bzw. überarbeitet werden:*
Die ~~fleißigen~~ Lehrer … führten ~~(wie von der Mehrheit der Lehrerkonferenz am 04. 09. 2006 beschlossen)~~ in der Woche vom 25. – 29. 6. 2007 eine ~~ziemlich coole~~ Projektwoche … durch. ~~Der Gegenvorschlag, eine Projektwoche zum Thema „Bücher der Welt“, wurde leider niedergeschlagen.~~ Man durfte zwischen ~~echt attraktiven~~ Workshops … wählen~~, was ich auch gerne genommen hätte, aber ich war bereits für die Streitschlichterausbildung angemeldet~~. Die Workshops fanden ~~übrigens~~ von 8.00 –12.30 Uhr statt.

▷ S. 8 **4** *(1+b): Das Bertolt-Brecht-Gymnasium* ***führte*** *eine Projektwoche zum Thema „Ohne Gewalt stark" durch, nachdem zuvor auf dem Schulgelände gehäuft Gewalttaten* ***aufgetreten waren.***
*(2+c): Die Polizei* ***freute*** *sich über die Motivation der Schülerinnen und Schüler, nachdem sie zuvor nur einen Workshop an Schulen der Region* ***veranstaltet hatte.***
*(3+a): Nachdem die Schülerinnen und Schüler ihre Kurse gewählt hatten,* ***arbeiteten*** *viele Kursteilnehmer konzentriert und* ***leisteten*** *Beachtliches.*

**5** *a) Lennart sagte, dass er als Klassensprecher künftig einschreiten werde, wenn er Mobbing bemerkte.*
*b) Herr Munter teilte mit, dass es ihn gefreut habe, dass alle mit Feuereifer bei der Sache gewesen seien.*

**6** *Hier gibt es viele Möglichkeiten; so könnte man die Sätze beispielsweise wiedergeben:*
*a) Martin erzählte davon, auch schon einmal erpresst worden zu sein. Heute würde er um Hilfe bitten, damals habe er den Mut nicht gehabt.*
*b) Pauline ist dafür, dass es an jeder Schule eine Projektwoche zum Thema „Gewalt" geben solle.*

▷ S. 9
## D Den Schreibplan erstellen

**1**

| Gliederung | W-Fragen | Antworten |
|---|---|---|
| *Einleitung* | *Wer war beteiligt?* | *Schülerinnen, Schüler, Kollegium des Bertolt-Brecht-Gymnasiums, Polizei* |
| | *Wann geschah es?* | *in der Woche vom 25.–29.6.2007* |
| | *Wo geschah es?* | *Bertolt-Brecht-Gymnasium in Duisburg* |
| | *Was ist geschehen?* | *Projektwoche zum Thema „Ohne Gewalt stark"* |
| *Hauptteil* | *Wie geschah es?* | *verschiedene Workshops von 8.30 bis 12.30 Uhr, freiwillige Arbeit am Nachmittag, Präsentation auf dem Schulfest vor den Ferien* |
| *Schluss* | *Warum geschah es?* | *Anlass war eine Prügelei auf dem Schulhof, bei dem die Nase eines Schülers gebrochen wurde; Gewalttaten auf dem Schulgelände kamen täglich vor.* |
| | *Welche Folgen hatte das Geschehen?* | *Schülerinnen und Schüler haben eine Vereinbarung unterschrieben mit dem Ziel, Gewalttaten an der Schule deutlich zu vermindern.* |

▷ S. 9
## E Den eigenen Text überarbeiten

**1** *Es fällt auf, dass alle Sätze gleich anfangen, nämlich mit „Die Lehrer und Schüler" oder „Die Schülerinnen und Schüler". Außerdem enthält der Text wertende Aussagen (topaktuell, spannend).*

**2** *So könnte das Beispiel verbessert werden:*

„Ohne Gewalt stark" – eine Projektwoche am Bertolt-Brecht-Gymnasium
**Kollegium und Schülerschaft** des Bertolt-Brecht-Gymnasiums führten ... eine Projektwoche zu dem Thema „Ohne Gewalt stark" durch, **in der** die Schülerinnen und Schüler zwischen Workshops wie ... wählen durften. **Nachdem / Da viele Kursteilnehmer laut Aussage des Direktors** Gewalt schon am eigenen Leib erfahren hatten, waren sie hoch motiviert und opferten **zum Erstaunen der Lehrkräfte** sogar ihre Nachmittage für Veranstaltungen.

**3** *Dein Zeitungsbericht könnte folgendermaßen aussehen:*

„Ohne Gewalt stark" – Schüler gegen Gewalt
Die Schülerinnen und Schüler des Bertolt-Brecht-Gymnasiums in Duisburg führten in der Woche vom 25.–29.6.2007 mit Unterstützung der örtlichen Polizei eine Projektwoche zu dem Thema „Ohne Gewalt stark" durch. In unterschiedlichen Workshops wie z. B. „Mobbing" oder „Selbstverteidigung für Mädchen" lernten die hoch motivierten Schülerinnen und Schüler unterschiedliche Formen von Gewalt kennen und eigneten sich Methoden an, um ihnen zu begegnen oder sie zu verhindern. Anlass für die Projektwoche war laut Aussage von Direktor Obrist eine Prügelei im Frühsommer, bei der ein Schüler eine gebrochene Nase zurückbehielt. Gespräche hatten ergeben, dass für viele Schülerinnen und Schüler Gewaltübergriffe zum Schulalltag gehören – und das soll sich nun ändern: Am letzten Tag der Projektwoche unterschrieben die engagierten Schülerinnen und Schüler eine Vereinbarung, in der sie sich verpflichten, als Zeugen von Gewalttaten nicht länger wegzuschauen, sondern einzuschreiten. Die Ergebnisse der Projektwoche können Eltern und Freunde am 20. Juli beim Schulfest vor den Sommerferien in der Aula begutachten.

# ▷S. 10 UNICEF – Einen Hintergrundbericht für ein Portfolio verfassen

## ▷S. 12 A Die Aufgabe verstehen

**1** *Folgende Aussagen sind sinnvoll: b, c, e, h, i und j.*

## ▷S. 12 B Erstes Textverständnis – Materialien sichten

**1** *Tipp: Überlege, ob du in der letzten Zeit im Fernsehen, in einer Zeitung, im Unterricht usw. etwas erfahren hast, das mit Hilfsorganisationen zu tun hat.*

**2** *a) UNICEF ist das Kinderhilfswerk der Vereinten Nationen.*
*b UNICEF setzt sich u. a. ein für Bildung, Ernährung und Gesundheit von Kindern weltweit.*

**3** *Allgemeine Fragen könnten z. B. sein: Welche Rechte haben Kinder? Welche Gefahren drohen Kindern? Was fehlt ihnen? Wie kann man diese Mängel beheben und den Kindern helfen?*
*Konkrete Fragen können sein: Wer ist bei der Schulbildung stark benachteiligt? Welches sind die gefährlichsten Kinder- bzw. Infektionskrankheiten? Wie werden sie übertragen und wie kann Schutz dagegen wirksam aussehen? Wie gelingt es bei allen Maßnahmen, die Kinder möglichst schnell und rechtzeitig zu erreichen? Was tut UNICEF für sauberes Trinkwasser? …*

▷S. 13 **4** *c*

**5** *a) Wichtig sind v. a. Z. 16f., daneben Z. 11f., weil hier die wichtigsten Rechte benannt werden.*
*b) Weniger wichtig für deine Aufgabenstellung sind die Aussagen über die konkreten Missstände selbst, die UNICEF bekämpft. Solche Aussagen finden sich z. B. in Z. 18–20, 23f., 29f., 40–45, 58f.*

**6** *Schlüsselbegriffe in den beiden Absätzen: Impfkampagnen, Gesundheitszentren, preiswerter Impfschutz*

**7** *Randnotizen können identisch sein oder auch lauten: Information (Kampagne), finanzielle Unterstützung (Medikamente), organisatorische Anlaufstellen (Gesundheitszentren)*

**8** *Die mündliche Zusammenfassung der beiden Abschnitte könnte etwa lauten:*
→ *UNICEF richtet Gesundheitszentren ein und stattet sie mit Personal und Material aus.*
→ *UNICEF setzt preiswerten Impfschutz ein, den es heute für die gefährlichsten Infektionskrankheiten gibt.*

**9** *Die Textzusammenfassung für die anderen wichtigen Passagen könnte so aussehen:*
*Z. 1–10: vgl. Teil B, Aufgabe 2*
*Z. 11–17: U. kümmert sich in Entwicklungsländern und Krisengebieten um die Kinder: und zwar um Schulbildung, Gesundheitsversorgung, Ernährung und Schutz ihrer Rechte.*
*Z. 18–22: U. schafft die Voraussetzungen für Schulbildung mit Personal und Material.*
*Z. 34–39: Tausende Helfer schaffen Medikamente auch in abgelegene Dörfer.*
*Z. 40–57: U. sorgt für sauberes Trinkwasser und hygienische Toiletten. Dabei wird die örtliche Bevölkerung mit einbezogen, damit die Brunnen und Toiletten von ihr gewartet werden können.*
*Z. 58–61: U. geht mit Zusatznahrung gegen Mangelernährung vor.*

▷S. 14 **10** *Tipp zum Vorgehen: Achte auf Begriffe, die mehrfach vorkommen (z. B. der Begriff „Impfungen" in verschiedenen Komposita (= Wortzusammensetzungen). Wenn du diese Begriffe durch Umkreisen markierst, siehst du leicht, wo überall im Text noch etwas über das Impfen gesagt wird.*

**11** *Die Zweige an den Ästen könnten folgendermaßen beschriftet werden:*
*„Mitarbeit": – Arbeitsgruppen in den entwickelten Ländern (Z. 7f.); – Helfer vor Ort (Z. 38, 55)*
*„Tätigkeitsbereiche": – „Schutz" (Z. 5, Z. 12f.); – „Gesundheitsversorgung" (Z. 23–39); – „Ernährung" (Z. 40–61); – „Bildung" (Z. 18–22); Auf den Unterzweigen zu „Bildung" könnte stehen: „Ausstattung von Schulen" (Z. 20); – „Ausbildung der Lehrer" (Z. 20); – „Unterstützung der Schüler" (Z. 21)*

## C Übungen

**1** ***B** ist besser, weil dieser Anfang gleich zeigt, dass es in dem Text um eine allgemeine, grundsätzliche Darstellung von UNICEF geht, die der Aufgabenstellung entspricht (über UNICEF einen Hintergrundbericht für ein Portfolio zu schreiben, das sich insgesamt mit Hilfsorganisationen befasst). Auch der sachliche „Tonfall" ist angemessen.*
***A** ist dagegen nicht geeignet, da hier ein aktueller Anlass in den Vordergrund gestellt wird, an dem das Thema UNICEF aufgerollt wird. Auch die Sprache ist nicht angemessen (Umgangssprache).*

**2** *Eindeutig falsch ist Lösung c.*

▷S. 15 **3** *a) Für einen **Hintergrundbericht** eignen sich folgende Formulierungen: **eine weitere Aufgabe besteht darin – kümmert sich nicht nur …, sondern auch … – engagiert sich darüber hinaus – setzt sich ein für – Ziel muss es weiterhin sein, …***

b) *Eher in einen* **Ereignisbericht** *passen die Wendungen:* ***in letzter Sekunde passierte – in der Zwischenzeit wurde – setzte sich bis zur letzten Sekunde dafür ein – zum Schluss passierte es – wer zuletzt lacht, lacht am besten***

**4** *Eine orientierende Passage ist der Satz:* „Die wichtigsten werden im Folgenden genannt: ...“

▹S. 15
## D Den Schreibplan erstellen

**1** *Vgl. die Mind-Map in Teil B, Aufgabe 11; die Bezeichnungen der Äste stellen mögliche Zwischenüberschriften dar. An den Anfang gehören die grundsätzlichen Aussagen darüber, was UNICEF ist. Darauf folgen zwei weitere Teile, deren Reihenfolge du selbst bestimmen kannst: Aussagen über (mögliche) Mitarbeit und die Darstellung der verschiedenen Tätigkeiten der Organisation. Was diese Tätigkeiten angeht, so kannst du wiederum selbst die Reihenfolge bestimmen: Überlege, welche du selbst besonders wichtig findest; mit dieser kannst du anfangen.*

**2** *Dein Hintergrundbericht könnte etwa folgendermaßen aussehen (hier sind nur die Anfänge der drei Teile ausgeführt; sie zu ergänzen und zu „füllen“, wird kein Problem für dich sein):*
UNICEF ist das Kinderhilfswerk. Die Abkürzung steht für ...
Es kümmert sich besonders um Kinder in ... und sorgt dort für ...
Die vier wichtigsten Aufgaben von UNICEF sind: ... Die Tätigkeiten sind im Einzelnen: ...
Jeder kann bei UNICEF mitmachen, und zwar ...
Auch vor Ort ist es UNICEF wichtig, dass viele Freiwillige mithelfen. Denn damit ist z. B. garantiert, dass ...

**3** *Zu streichen ist die Aussage c.*

▹S. 17
# Ökomilch und Vollkornbrot: Schulspeisung für alle? – Einen Leserbrief für die Schülerzeitung verfassen

▹S. 17
## A Die Aufgabe verstehen

**1** *Folgende Aussagen treffen zu: a, f, g und h.*

**2** *Folgende Aussagen treffen zu: a, b, e und g.*

▹S. 18
## B Ideen entwickeln – Stoff sammeln

**1** *Ich bin der Meinung, dass eine verbindliche Schulspeisung eingeführt werden sollte, damit mehr Kinder und Jugendliche die Chance haben, sich gesund zu ernähren.*
***oder***
*Ich bin dagegen, dass eine für alle verpflichtende Schulspeisung eingeführt wird, weil dadurch die Freiheit des Einzelnen erheblich eingeschränkt werden würde.*

**2 + 3 + 4** *Fett gedruckt sind jeweils zwei Argumente, die als besonders überzeugend eingeschätzt werden könnten. Hier kannst du dich auch für andere Argumente entscheiden, wenn dir andere Punkte wichtiger sind.*

| Kontra-Argumente | Belegstelle |
|---|---|
| *– Individualität geht verloren* | *Z. 3* |
| ***– Vielfalt und Entscheidungsfreiheit wird unterbunden*** | ***Z. 4–6*** |
| *– niemand soll bestimmte Nahrungsmittel essen müssen und dafür bezahlen* | *Z. 8* |
| ***– Zwang bewirkt nur den gegenteiligen Effekt*** | ***Z. 9–17*** |
| *– organisatorischer Aufwand wäre zu groß* | *Z. 18–21* |
| *– Familienfrühstück wird unterbunden oder Schüler müssten zweimal essen* | *Z. 21–23* |
| *– Verantwortung für die Ernährung ihrer Kinder liegt allein bei den Eltern* | *Z. 24–25* |

*Weitere, eigene Argumente können sein:*
- *Kinder, die bestimmte Lebensmittel nicht essen können oder wollen, fallen umso mehr auf und fühlen sich vielleicht ausgeschlossen.*
- *Kinder, die kein Geld für das vollwertige Frühstück haben und lieber zu Hause essen, werden gehänselt.*
- *Für Kinder, die morgens noch keinen Appetit haben (Langschläfer!), ist frühes Frühstück eine Strafe.*

| Pro-Argumente | Belegstelle |
|---|---|
| *– manche Schüler kommen ohne Frühstück zur Schule* | *Z. 5* |
| *– viele Schüler kaufen ungesunde Nahrungsmittel am Kiosk* | *Z. 5–7* |
| *– manche essen vor dem Mittag gar nichts, was ungesund ist* | *Z. 7–8* |
| *– wer sich gesund ernährt, wird deswegen (noch) von anderen Schülern gehänselt* | *Z. 8–10* |
| ***– Mehrzahl der Kinder und Jugendlichen ernährt sich grundsätzlich falsch*** | ***Z. 11–13*** |
| ***– ausgewogene Ernährung ist wichtig für Wachstum und Leistungsfähigkeit*** | ***Z. 13–14*** |
| *– Zahl übergewichtiger Kinder hat europaweit deutlich zugenommen* | *Z. 20–22* |
| *– Eltern kümmern sich oft zu wenig um die Ernährung ihrer Kinder, Kinder sind sich der Folgen nicht bewusst* | *Z. 23–25* |
| *– gemeinsames Frühstück stärkt Zusammenhalt in der Klasse und in der Schule insgesamt* | *Z. 25–26* |

*Weitere, eigene Argumente können sein:*
- *Schüler lernen, sich gesund zu ernähren, und entwickeln gar nicht erst schlechte Essgewohnheiten.*
- *Kinder, die keine Geld für Naschereien haben, werden nicht ausgeschlossen.*
- *Schule hat einen „Erziehungsauftrag": nicht nur von guter Ernährung reden, sondern sie auch (vor)leben.*

▹ S. 19
## C Übungen zum Argumentieren

**1** a) Wenn die morgendliche Schulspeisung verpflichtend wird, ist zu befürchten, dass einige, die nicht mitessen können oder wollen, ausgeschlossen werden oder sich ausgeschlossen fühlen.
b) Wenn die morgendliche Schulspeisung verpflichtend wird, ist zu hoffen, dass mehr Kinder lernen und Geschmack daran finden, sich gesund zu ernähren.

**2 + 3** *So könnten die Sätze lauten:*

Die Schule soll die Schülerinnen und Schüler **zwar** zur Selbstständigkeit erziehen, **aber** sie ist auch für die gesunde Ernährung der Schülerinnen und Schüler verantwortlich.

**Obwohl** die Eltern für die Erziehung ihrer Kinder verantwortlich sind, also auch für deren Ernährung, kümmern sie sich zu wenig um die Ernährung ihrer Kinder.

**Einerseits** stärkt eine gemeinsame Schulspeisung das Gemeinschaftsgefühl, **andererseits** geht die Individualität verloren, wenn alle dasselbe essen müssen.

**4** *Zum ersten Argument passen die Textstellen a) Z. 6–7 und b) Z. 11–17, zum zweiten die Textstellen a) Z. 19 und b) Z. 20.*

▹ S. 20
**5** *Zutreffend sind die Aussagen b und d.*

**6** (1) Viele Schülerinnen und Schüler kommen den neuen Studien zufolge ohne Frühstück zur Schule, denn rund ein Viertel aller Achtklässler verlässt morgens das Haus, ohne etwas gegessen zu haben.
(3) Manche Schülerinnen und Schüler haben wie Stefan, der Vegetarier ist und auch auf Milchprodukte verzichtet, spezielle Essgewohnheiten.

## D Den Schreibplan erstellen

▹ S. 21
**1**

| Text | Thema genannt? | auf die Artikel bezogen? | eigene Meinung dargestellt? | sprachlich angemessen? |
|---|---|---|---|---|
| *A* | *nein* | *nein* | *nein* | *nein* |
| *B* | *ja* | *nein* | *ja, aber nicht klar genug* | *ja* |
| *C* | *ja* | *ja* | *ja* | *ja* |

*Insgesamt ist der Einleitungstext C am besten gelungen.*

**2** *Hauptteil:* *These:* ***Ich bin gegen eine allgemein verpflichtende Schulspeisung.***

↓

*1. Argument:* *Die Individualität geht verloren.*
***Beleg:*** *Alle müssten dasselbe und zur gleichen Zeit essen.*

↓

*2. Argument:* *Die Vielfalt wird unterbunden.*
***Beleg:*** *Frühstück kann sehr unterschiedlich ausfallen. Dem wird das Einheitsfrühstück nicht gerecht.*

*Bsp.:* *Früchte und Tee, Kakao und Müslis, Brötchen und Saft, usw.*

↓

*3. Argument:* *Niemand soll bestimmte Nahrungsmittel essen müssen (und dafür bezahlen).*
***Beleg:*** *Manche dürfen (oder wollen) bestimmte Dinge nicht essen.*
*Bsp.:* *Vegetarier, religiöse Vorschriften*

↓

*4. Argument:* *Zwang bewirkt das Gegenteil.*
***Beleg:*** *Schüler fliehen zur Pommesbude nebenan.*
*Bsp.:* *Versuch in England*

↓

*5. Argument:* *Der organisatorische Aufwand ist (zu) groß.*
***Beleg:*** *Alle Schülerinnen und Schüler müssten gleichzeitig essen können. Ein großer Speisesaal müsste zur Verfügung stehen (oder gebaut werden).*
*Konsequenz:* *Verlängerung der Pausen und der Schulzeit insgesamt, hohe Kosten*

↓

*6. Argument:* *Das gemeinsame Familienfrühstück wird unterbunden.*
***Beleg:*** *Entweder entfällt das Familienfrühstück, das es ja durchaus gibt, was schade wäre, oder manche Schüler müssten zweimal frühstücken.*
*Bsp.:* *Alle, die regelmäßig und gern mit ihren Eltern und Geschwistern frühstücken*

↓

*7. Argument:* *Die Verantwortung liegt bei den Eltern.*
***Beleg:*** *Ernährung ist eine Frage der individuellen Erziehung, dafür sind die Eltern zuständig, nicht in erster Linie die Schule.*
*Bsp.:* *Eltern, die aus Glaubensgründen (o. Ä.) eine bestimmte Ernährung vorleben und vermitteln.*

3 *Schluss: Wiederholung der These als Fazit, verbunden mit dem Wunsch nach mehr Auswahl am Schulkiosk*

4 *So könnte dein Aufsatz lauten, wenn du dich **für** das gemeinsame Frühstück aussprechen willst:*

In der letzten Ausgabe der Schülerzeitung wird die Frage diskutiert, ob wir ein für alle verbindliches, gemeinsames Frühstück einführen wollen. Ich bin klar dafür, denn viele von uns kommen ohne Frühstück in die Schule und kaufen mangels Alternativen Chips, Schokolade oder andere zu fett- oder zuckerhaltige Produkte, die sich negativ auf die Gesundheit auswirken können, am Kiosk. Dadurch nehmen sie schlechte Essgewohnheiten an und neigen zu Übergewicht. Darüber hinaus können ernährungsgestörte Kinder schnell seelisch krank werden und unter Bulimie und Magersucht leiden. Diese Krankheiten sind in Europa laut neuer Studien weit verbreitet, mit steigender Tendenz.
Um schlechte Essgewohnheiten zu vermeiden, sollte deshalb eine verbindliche Schulspeisung eingeführt werden.
Damit das gemeinsame Frühstück die Vielfalt nicht unterbindet, sollte das Frühstück aus mehreren zur Auswahl stehenden Nahrungsmitteln bestehen, also aus Obst, Brot, unterschiedlichen Brotbelägen und Haferflocken oder Müsli. So können also auch Vegetarierinnen und Vegetarier oder andere Schülerinnen und Schüler mit speziellen Ernährungsgewohnheiten, sofern sie nicht zu zucker- oder fetthaltig sind, berücksichtigt werden. Auch die Ansicht, dass Schülerinnen und Schüler das Essen heimlich wegwerfen und stattdessen Schokolade kaufen, kann ich nicht teilen, da sie in den Pausen keine Möglichkeit haben, das Schulgelände zu verlassen, und der Kiosk schon vorher auf gesunde Nahrungsmittel umgestellt werden würde.
Zwar wird durch eine Schulspeisung die Entscheidungsfreiheit der Schülerinnen und Schüler eingeschränkt, weil sie keine Schokoriegel oder Milchschnitten mehr auswählen können, aber viele können die Folgen einer schlechten Ernährung selbst noch nicht absehen. Ihnen ist nicht bewusst, dass eine unausgewogene Ernährung das Wachstum und die Leistungsfähigkeit negativ beeinflussen kann. Obwohl die Eltern eigentlich für das leibliche Wohl ihrer Kinder verantwortlich sind, vernachlässigen sie es oft. Manche haben keine Zeit, Pausenbrote zu schmieren, und geben ihren Kindern Geld mit, überlassen es also ihnen, wie sie sich ernähren. Deshalb wäre es gut, wenn die Schule diese Verantwortung durch eine verbindliche Schulspeisung übernehmen würde.
Die Befürchtung, dass Schülerinnen und Schüler, die bestimmte Nahrungsmittel nicht essen können oder wollen, bei einer gemeinsamen Schulspeisung umso mehr auffallen und gehänselt werden, ist sehr viel weniger gerechtfertigt als jetzt: Ohne die verbindliche Schulspeisung werden Schülerinnen und Schüler gehänselt, weil sie kein Geld für den Kiosk haben oder Vollkornbrot essen. Ganz im Gegenteil fördert die Schulspeisung das Gemeinschaftsgefühl in der Klasse und Schule insgesamt, was wir ja auch oft schon bei gemeinsamen Essen auf Klassenfahrten sehen konnten.
Der organisatorische Aufwand ist viel kleiner als viele glauben, denn in der fünften und sechsten Klasse werden bereits Milch- und Kakaoflaschen ausgeteilt, ohne große Umstände. Warum also sollte das bei größeren Esspaketen anders sein?
Hoffen wir also, dass die Schulspeisung bald eingeführt wird, damit die Zahl der übergewichtigen Kinder sinkt und schlechte Ernährungsgewohnheiten sich nicht verfestigen. Wie ihr seht, gibt es viele schlagende Argumente, diese Aktion zu unterstützen. Gebt also eure Stimme dafür, denn gesundes Essen ist für alle wichtig, egal mit welchen Essgewohnheiten wir aufgewachsen sind!

# ▷ S. 22 *Peter Bichsel:* Der Milchmann – Die Illustration einer Kurzgeschichte begründen

## ▷ S. 23 A Die Aufgabe verstehen

**1** *a) + b) Folgende Aussagen sind sinnvoll: a (5), c (2), d (1), e (4), g (3), h (6), und zwar in der Reihenfolge in Klammern.*

## ▷ S. 24 B Erstes Textverständnis – Ideen entwickeln

**1** *Hier gibt es keine eindeutige Lösung; Fragen und Gedanken könnten sein:*
Merkwürdiger Text! – Milchmann möchte ich nicht sein, so früh aufstehen! – Wovon handelt die Geschichte eigentlich? – Was will Frau Blum denn nun: den Milchmann kennen lernen oder nicht? – Warum denkt sie so viel über ihn nach? Was hat der Milchmann gegen einen Briefwechsel? – Machen andere wohl oft Schulden? Und was passiert dann?

**2**

| Titel, Autor, Textsorte, Erscheinungsjahr | Figuren (mit auffälligen Eigenschaften) | Wichtige Stationen der Handlung |
|---|---|---|
| „Der Milchmann“, Peter Bichsel, Kurzgeschichte, 1964 | **Frau Blum** ist neugierig, ängstlich, an zwischenmenschlichen Beziehungen interessiert, ordentlich, eher arm.<br>**Der Milchmann** ist an geschäftlichen Beziehungen interessiert, verhält sich korrekt und pflichtbewusst, achtet auf Schulden (auch Centbeträge). | 1) Kurze Kommunikation durch einen Briefwechsel zwischen dem Milchmann und Frau Blum<br>2) Frau Blum möchte den Milchmann kennen lernen<br>3) Der Milchmann ist nur an einer geschäftlichen Beziehung interessiert<br>4) Frau Blums Gedanken über den Milchmann<br>5) Anonymität der Menschen in der Stadt |

**3** *Die richtigen Lösungen lauten der Reihe nach:*
*1964 – nach dem – in der Schweiz – verbeulten – schämt sich dafür – Kurzgeschichten – plötzlich – offenes – ganz alltägliche – wie – pflichtbewusst – vier – Haustür – viele – selten – Bestellung – Kontakt – die Begegnung – unsicher – viel – genaue – Gründe für – Zurückhaltung – angedeutet – will – nicht korrigieren – gar nicht – kaum – innerer – muss man darüber nachdenken, worum es eigentlich geht.*

**4** *Am ehesten trifft die Aussage c zu.*

▷ S. 25 **5** *Folgende Aussagen spielen bei der Bildauswahl eine Rolle: a, b, c, d, g*

**6**

| Bild | Situation / Thema | Figuren | Gegenstände | Farben | Stimmung |
|---|---|---|---|---|---|
| *A* | **Situation:**<br>– Alltag: Frau allein in einem Zimmer, blickt auf Häuserfront eines Hochhauses oder liest<br>**Thema:**<br>– Einsamkeit, Anonymität | – Frau mit Dutt (älter?) am linken Bildrand, sitzt mit dem Rücken zum Betrachter, sodass man ihr Gesicht nicht erkennen kann | – Tischchen mit Blumenvase, Ende eines Bettes<br>– große Fenster durch Rollos halb geschlossen, ermöglichen Blick auf ein Hochhaus gegenüber | – sind eher warm, gedeckt und dunkel (z. B. dunkelrot, ockergelb, pastellblau)<br>– Licht wirft lange, deutliche Schatten | – Frau: ruhig, in sich gekehrt, still<br>– insgesamt: leblos, trostlos, unaufgeregt, langweilig |
| *B* | **Situation:**<br>– Alltag: Milchmann kniet vor Briefkästen eines Hauseingangs und füllt Milch in Flaschen ab, lächelt<br>**Thema:**<br>– Milchhandel | – älterer Herr (Platte), trägt Kittelschürze<br>– von seitlich hinten aufgenommen, Profil erkennbar, teils mit dem Rücken zum Betrachter | – Briefkästen<br>– Milchflaschen, leere und volle<br>– Drahtkorb | – schwarz-weiß (Foto)<br>– auch hier klare Schatten erkennbar | – Mann: freundlich, bei seiner Arbeit<br>– insgesamt: sehr klar (Foto), ruhig, alltäglich |
| *C* | **Situation:**<br>– Frau allein in einem Zimmer, gerade erwacht, sitzt auf dem Bett und blickt aus dem Fenster, genießt die Morgensonne<br>**Thema:**<br>– Erwachen | – junge Frau im Kleid oder Nachthemd, im Profil zu sehen, sitzt auf dem Bett, umfasst ihre Knie, blickt in die Ferne | – Bett, auf dem die Frau sitzt, Kopfkissen, keine Bettdecke (ist es warm?)<br>– Hauswand und Regenrohr nebenan | – helle, kühle Farben oder Pastelltöne (z. B. lachsfarben, verschiedene Gelbtöne)<br>– Licht wirft lange, deutliche Schatten | – Frau: still, versunken oder nachdenklich, in sich gekehrt<br>– insgesamt: ruhig, leblos, irgendwie bedrückend |

| D | **Situation:**<br>– Fahrrad voll beladen mit Milchkannen am Wegesrand, im Hintergrund an einem Gartentor ein Mann<br>**Thema:**<br>– Milchlieferung | – untersetzter Herr mit Kittelschürze öffnet oder schließt gerade ein Gartentor<br>– mit dem Rücken zum Betrachter stehend | – Fahrrad mit vielen alten Milchkannen, im Mittelpunkt des Bildes<br>– Stockrosen am Wegesrand<br>– Kopfsteinpflaster | – sind eher warm, gedeckt, dunkel (z. B. dunkelrot oder Brauntöne)<br>– Licht wirft lange, deutliche Schatten | – Fahrrad: verlassen, stabil, zuverlässig<br>– Mann: einsam, tut seine Pflicht<br>– insgesamt: ruhig, alltäglich |
|---|---|---|---|---|---|

▷ S. 25

## C Übungen

**1** *Für Bild A ist zu ergänzen:*

| Text: | Gemeinsamkeiten: | Bild: |
|---|---|---|
| – wichtige Gegenstände: verbeulter Topf, Rappen, Zettel | – Stimmung: s. Aufgabe 6 | – Farben: s. Aufgabe 6<br>– Tageszeit: nachmittags? |

**2** *Schnittmengen der anderen Bilder sind:*

| Bild B | Bild C | Bild D |
|---|---|---|
| – Mann kniend vor Briefkasten<br>– Haus mit mehreren Parteien<br>– füllt Milch um (aber: kein Topf!)<br>– geht seiner Arbeit nach, trägt eine Kittelschürze; hat dickere Finger<br>– Scharz-weiß-Foto: sehr nüchtern | – alltägliche Situation, morgens<br>– Frau allein in einer Wohnung<br>– Frau ist allein / einsam<br>– lebt in einfachen Verhältnissen<br>– man erkennt sie nicht genau<br>– keine zwischenmenschliche Begegnung; viel Schweigen<br>– Stimmung: still, anonym, fremd | – Fahrrad mit Milchkannen<br>– Mann, mit dem Rücken zum Betrachter, öffnet ein Gartentor<br>– man erkennt ihn nicht<br>– alltägliche Situation<br>– sehr früh morgens<br>– kein Mensch auf der Straße, keine Begegnung, ruhige Stimmung<br>– gedämpfte Farben |

**3** *Bild Nr.* C *passt meiner Meinung nach am besten zu der Geschichte „Der Milchmann“,* weil sich die Armut der Nachkriegszeit in dem schlichten Nachthemd der Frau und der kargen Ausstattung (kahle Wände, keine Bettdecke) des Raumes widerspiegelt. Die Einsamkeit der Frau und ihre Haltung lassen sich als Sehnsucht nach Kontakt zur Umwelt deuten.

▷ S. 26 **4** *Je nach Wahl: vgl. Schnittmenge aus Aufgabe 2.*

**5** a) *(1) denn (2) Sowohl (3) als auch (4) sodass (5) Außerdem (6) weil/da (7) Dass (8) worin (9) Weiterhin (10) zumal (11) Weder (12) noch (13) Deswegen*

b) *Es sind **fünf Argumente** (fett), nämlich:*
*1. Argument (Figur): … in beiden Fällen ist eine **Frau eine wichtige Figur.***
*2. Argument (Situation): In beiden Fällen … ist die Frau **allein** dargestellt.*
*3. und 4. Argument (Thema): Beide Frauen scheinen den Wunsch nach Kontakt zu haben, **unternehmen aber nichts** (Blickrichtung im Bild bzw. Kreisen um den Milchmann im Text, aber Passivität). Eine **Begegnung kommt** in beiden Fällen **nicht vor.***
*5. Argument (Detail): Auch das **Alter** der Frauen könnte sich entsprechen.*

**6** *Nicht erwähnt worden sind drei weitere Argumente: erstens die vergleichbare **Tageszeit** (morgens), zweitens die ähnliche **Stimmung** (unaufgeregt, ruhig, nachdenklich), zu der auch die **Farben** und **Lichtverhältnisse** passen, und drittens die **einfachen Verhältnisse** im Text, die der kargen **Ausstattung des Zimmers** zumindest nicht widersprechen.*

▷ S. 27

## D Den Schreibplan erstellen

**1** ***Einleitung:*** *1. Titel, Textsorte, Autor und Aufgabe in einem Satz nennen*
*2. den Inhalt des Textes kurz zusammenfassen*
*3. das Bild benennen und wesentliche Merkmale beschreiben*
***Hauptteil:*** *4. Argumente formulieren und sprachlich angemessen verknüpfen*
***Schluss:*** *5. die wichtigsten Gründe für die Wahl zusammenfassen*
*6. die eigene Meinung in einem Satz zusammenfassen*

**2** *Das Flussdiagramm ergibt sich aus den Teilaufgaben 5 und 6 aus Teil C, nämlich:*
*Situation deutet auf ähnliches Thema hin (Alleinsein, kein Kontakt). → Die Figur der Frau taucht in beiden Medien auf. → Motiv: Die Frau ist jeweils allein dargestellt. → Der Blick aus dem Fenster deutet die Sehnsucht nach Kontakt an, die auch im Text deutlich wird. → Eine Begegnung findet nicht statt. → Detail: Das Alter der Frau könnte passen. → Die Tageszeit stimmt überein. → Stimmung und Farbwahl entsprechen sich. → Einfache Verhältnisse und Raumausstattung widersprechen sich nicht.*

## ▷ S. 27 E Den eigenen Text überarbeiten

**1** *So könnte deine Überarbeitung aussehen (Veränderungen sind unterstrichen, Reihenfolge beachten!):*

Die Kurzgeschichte „Der Milchmann" von Peter Bichsel aus dem Jahr 1964 würde ich mit dem Bild „Room in Brooklyn" (1932) von Edward Hopper illustrieren. Meiner Ansicht nach sind die Übereinstimmungen zwischen Bild und Text hier am größten. Im Folgenden nenne ich Gründe für meine Entscheidung. In beiden Fällen ist die zentrale Figur eine Frau, darin stimmen beide Medien überein. Die Frau ist allein dargestellt – auch in beiden Fällen. Der Text „Der Milchmann" handelt von einer alltäglichen Situation in der Schweiz: Frau Blum kauft ihre Milch und Butter immer bei einem Milchmann. Sie würde ihn gerne kennen lernen, er sie aber nicht. Auf Hoppers Bild sitzt eine Frau auf einem Stuhl und blickt aus dem Fenster. Ihr Gesicht sieht der Betrachter nicht, man (er)kennt sie nicht – ebenso wenig, wie Frau Blum und der Milchmann sich kennen. ...

# ▷ S. 28 *Gabriele Wohmann:* Wachsfiguren – Einen inneren Monolog gestalten

## ▷ S. 29 A Die Aufgabe verstehen

**1** *Folgende Aussagen treffen zu: c, e und f.*

## ▷ S. 29 B Erstes Textverständnis – Ideen entwickeln

**1** *Die richtigen Lösungen heißen:*

| | | | | |
|---|---|---|---|---|
| *(1) Hasenscharte* | *(2) Wachsfigurenkabinett* | *(3) „Häschen"* | *(4) angestarrt* | *(5) Anwesenheit* |
| *(6) schmerzhaft* | *(7) zu lächeln* | *(8) neues* | *(9) kaum jemandem* | *(10) dem Jungen* |
| *(11) Figuren* | *(12) richtigen Namen* | *(13) ohne seine* | *(14) Atmen* | |

▷ S. 30 **2** *In folgenden Zeilen denkt der Junge über Lilia nach: Z. 7–10; Z. 27, Z. 32–34; Z. 50 f.*

**3** Dem Jungen tut es leid um Lilias Kleid, weil niemand ihr und ihrem Kleid Aufmerksamkeit schenkt. Alle Leute beachten wegen seines ungewöhnlichen Aussehens nur ihn.

**4** *a) + b)*

| Das Verhältnis von ... zu dem Jungen | wird ersichtlich aus: ... (Textstelle) | lässt sich so beschreiben: ... (Deutung) |
|---|---|---|
| *Lilia* | *„Ach so, Hase geht auch mit, sagte Lilia mit fallendem Ton." (Z. 1)* | *L. verhält sich neutral bis ablehnend – sie ist enttäuscht, da seine Anwesenheit ihr „die Schau stiehlt".* |
| *Else* | *„Er spürte Wärme, plötzlich dicht. Tante Else hatte sich neben ihn gekauert, ihre Arme waren zu eifrig. „Heute geht es mit, nicht wahr, das Häschen..." (Z. 4–6) „Undankbare Kinder verdienen ja gar nicht ..." (Z. 30)* | *E. kümmert sich um den Jungen, seine Gefühle nimmt sie aber nicht wahr oder beachtet sie nicht. Sie behandelt ihn wie ein Kleinkind – ohne den Respekt, den sie Lilia gegenüber zeigt.* |
| *Willi* | *„Was macht er für'n böses Gesicht, wenn er mitgehn darf, he?"(Z. 15–16) „... ich kann's nicht verstehen ..." (Z. 21) „... schleppt man ihn mit und er hält's nicht für nötig, sich die Figuren zu betrachten. Der Eintritt kostet Geld, hörst du?" (Z. 38–39)* | *W. möchte heute netter sein als sonst (Sonntagsstimmung); seine Äußerungen zeigen Ablehnung, wirken aggressiv. Er versteht den Jungen nicht, vermutlich empfindet er sein Verhalten (Häschen freut sich nicht) als undankbar.* |

**5** *Die Verwandten verhalten sich dem Jungen gegenüber geringschätzig.* ***Sie bringen nicht das nötige Verständnis für seine Situation auf und respektieren ihn nicht als Mensch mit eigenen Gedanken und Gefühlen, wenn sie ihn bevormunden und bemuttern (Tante Else), ablehnen (Onkel Willi) oder ganz ignorieren (Lilia).***
*Der Junge fühlt sich* ***deshalb vermutlich missachtet und minderwertig. Es gibt niemanden, der ihn versteht oder der sich für ihn interessiert. Vermutlich fühlt er sich auch einsam.***

**6** *Die Grafiken machen verschiedene Aspekte des Miteinanders deutlich, die vom Standpunkt des Betrachters abhängen: In Grafik A wird deutlich, dass Lilia das Nachsehen hat, weil sich immer alles zuerst um den Jungen dreht. Grafik B zeigt, dass Häschen sich wegen seiner Andersartigkeit ausgeschlossen und unverstanden fühlt. In C kommt zum Ausdruck, dass Häschen bemerkt, dass Lilia seinetwegen nicht die Aufmerksamkeit bekommt, die sie sich vielleicht wünscht – er steht sozusagen dazwischen.*

▷ S. 30

## C Übungen

**1** *c* **2** *b*

**3** *Präsens: Bsp.:* ... wie hübsch sie heute aussieht ... Alle schämen sich ...
*Gefühle: Bsp.:* Ich halt's nicht mehr aus! Diese Schmerzen in der Lippe ... vor allem beim Lächeln, ...
*Gedanken und Überlegungen: Bsp.:* ... und ich bin schuld daran. Sie glauben wohl, dass ich es nicht merke ...
*Fragen, Ausrufe sowie unvollständige Sätze: Bsp.:* ... wann hört das endlich auf? Aber ich bin doch auch jemand! ...

**4** *Der arme Junge ...* alle starren sie ihn an. Wie der aber auch aussieht! Sein Mund – irgendwie eklig diese Narbe und dann auch noch die Ohren – einfach hässlich! Ob die Lippe weh tut? Armer Kerl! Ich gucke jetzt extra nicht mehr hin ...

▷ S. 32 **5** *Lästig! Immer müssen wir ihn mitnehmen. Gott – wie die Leute starren ... richtig peinlich ist mir das. Wenigstens dankbar könnte er sein! Da will man ihm eine Freude machen und nimmt ihn mit ... Wie er dahinschlurft! Kann er sich nicht freuen, wenn wir etwas Besonderes unternehmen?! Jetzt reicht's mir aber. So viel Geld für den Eintritt – und er guckt noch nicht mal hoch!*

**6** *Text **B** ist der Form nach besser geeignet (unvollständige Sätze, Gedankenstriche, Fragen); Text **A** enthält nur vollständige Sätze, auch die Frage, die Lilia sich stellt, entspricht nicht dem inneren Monolog (besser: Was macht er da eigentlich auf dem Podest?!)*

▷ S. 33

## D Den Schreibplan erstellen

**1** *So könnte deine Mind-Map aussehen:*

*Lilia denkt/fühlt ...*

***– über ihre eigene Situation:***
- *Ich bin so enttäuscht, dass er mitkommt, dann werden ihn alle anstarren und mich übersehen*
- *Jetzt habe ich extra mein neues Kleid angezogen und dann das – das ist ungerecht!*
- *Es macht mich so wütend, dass sich immer alles um ihn dreht, Hase hier, Häschen dort. Wie es mir geht, das interessiert sie gar nicht.*

***– über die Umgangsformen in der Familie:***
- *Tante Elses Art ist ziemlich unerträglich, sie behandelt ihn wie ein kleines Kind, das muss ihm doch auch unangenehm sein.*
- *Und Onkel Willi ist manchmal richtig gemein zu ihm, wahrscheinlich ist Hase ihm peinlich.*
- *Und warum eigentlich Hase? Als ob er keinen richtigen Namen hätte!*

***– als sie Häschen auf dem Podest sieht:***
- *Auf das Podest muss er hinauf, ich glaube es nicht! Als ob er nicht schon genug Aufmerksamkeit hätte!*
- *Oder ... ob er sich auch missachtet fühlt? Er redet so wenig. Ich weiß nicht, wie er sich wirklich fühlt.*
- *Was soll das denn? Ich verstehe nicht, warum er das macht. Sollen wir zu ihm hochschauen, statt ihn zu bemitleiden? Vielleicht meint er, er gehört dahin?*

***– über Häschens Situation insgesamt:***
- *Ob er beim Sprechen Schmerzen hat? Er sieht immer so gequält aus. Die Lippe spannt bestimmt ...*
- *Es nervt ihn bestimmt auch, dass alle ihn immer so anstarren; er gibt aber auch eine abstoßende Figur ab, mit den Segelohren und dieser Lippe!*
- *Er sieht immer so traurig und müde aus, sicher fühlt er sich allein und unverstanden. Vielleicht frage ich ihn einfach mal?*

**2** *Dein innerer Monolog könnte wie folgt aufgebaut sein:*
1. *Lilias eigene Situation: Sie ist enttäuscht und wütend.*
2. *Lilia bemerkt Häschen auf dem Podest und wundert sich.*
3. *Lilia denkt über den Jungen nach (sein Aussehen, sein Verhalten, seine Gefühle und den Umgang mit ihm).*
4. *Lilia überlegt, wie sie etwas an der Situation ändern kann.*

*→ eigene Betroffenheit und Ärger Lilias immer wieder einfügen!*

**3** *So könnte Lilias innerer Monolog lauten:*

Na klar: Wie immer! Alle schauen nur zu ihm. Danke schön, Hase! Und ich? Mich bemerkt keiner. Als ob ich Luft wäre. Ich könnte hier jetzt auch tot umfallen. Schert sich eh keiner drum! Und ich hatte mich so gefreut. Endlich ist es warm genug, um das neue Kleid anzuziehen – und dann das. Alle glotzen, starren ...
Hase sieht aber auch abscheulich aus. Eklig, die Lippe und dann auch noch diese Segelohren. Keine Figur hier ist so hässlich wie er. Na ja – hätte ich mir denken können. Wo ist er eigentlich abgeblieben? Nanu? Was macht er denn da? Warum steht er denn auf dem Podest? Was soll das denn, hat er nicht schon genug Aufmerksamkeit?! Wie peinlich, sich da freiwillig hinzustellen! Aber vielleicht meint er, da gehört er hin?
Ob ihm seine Lippe wohl weh tut? Manchmal guckt er so gequält. Ich hab ja nicht wirklich etwas gegen ihn – irgendwie tut er mir auch leid. Aber trotzdem: Immer dreht sich alles nur um ihn. Ich glaube, Hase ist das ganze Getue von Tante Else unangenehm. Sie behandelt ihn aber auch wie ein Baby. Blöd! Und Onkel Willi ist manchmal richtig gemein zu ihm. Er ist so anders. Hm, echte Freunde hat er nicht. Ob er sich manchmal einsam fühlt? Keiner interessiert sich wirklich für das, was er denkt. Er sagt ja auch nichts. Warum eigentlich? Vielleicht ... wegen der Schmerzen? Die Narbe spannt bestimmt. Und warum eigentlich „Hase"? Keiner nennt ihn bei seinem richtigen Namen, das ist doch komisch ...

Hm, ob ich vielleicht mal ein bisschen netter zu ihm sein sollte? Trotzdem will ich nicht, dass er jedes Mal dabei ist, verdammt! Eigentlich lustig: Ich möchte, dass die Leute zu mir hinsehen und für ihn ist es wahrscheinlich schrecklich, dass alle ihn ständig anstarren. Ha, ich hab's: Mit meinem Kleid gehe ich heute Nachmittag ins Eiscafé – und zwar allein! So. Vielleicht hat er ja vorher Lust auf eine Partie Schach?

▷S. 34

# „Meine Knete ist weg!" – Einen Beitrag für die Schülerzeitung überarbeiten

▷S. 35

## A Die Aufgabe verstehen

**1** *Folgende Aussagen treffen zu: d, g*

▷S. 35

## B Stoff sammeln – Ideen entwickeln

**1** *a) Der Bericht handelt von* einem mehrfachen Diebstahl während der Schuldiskothek.
*b) Alissa hat beobachtet, wie* ein Junge, der Geld gestohlen hat, gefasst wurde.
*c) Der Dieb konnte gefasst werden, indem* der Schulsprintmeister André den Dieb eingeholt und überwältigt hat.

**2** *vgl. Tabelle unter D, Aufgabe 1.*

**3** *Liste jeweils zwei Beispiele mit der jeweiligen Satznummerierung auf, z. B.:*
*Satzbau: Satz 6: …* weil ich hing gerade voll groggy ..., *Satz 8: …,* und alle hinterher.
*Grammatik: Satz 1:* inner, *Satz 2:* vonner
*Wortwahl und Stil: Satz 10:* megacooler, *Satz 2/13:* Schuldisse

▷S. 35

## C Übungen

**1** *b* **2** *c*

▷S. 36 **3** *a) + b)*

| Fachbegriff | Erklärung | Beispiel (zwei weitere Beispiele) |
|---|---|---|
| *1* | *C* | *… was voll Krasses* ***(voll groggy; megacool)*** |
| *2* | *E* | *Kracher* ***(hing in den Seilen; hechtet als Erster los)*** |
| *3* | *F* | *inner* ***(vonner; hinterm)*** |
| *4* | *B* | *Ich natürlich sofort gerufen: …* ***(noch nie gesehen; Und von wegen Unbekannter: …)*** |
| *5* | *A* | *abgedanct* ***(Full House; echt fun)*** |
| *6* | *D* | *…, weil ich war gerade voll groggy, …* ***(André B., weil der ist … ; Der Hesse, …, auch schon da, …)*** |

**4** *Die Metaphern und Neologismen lauten (mit Übersetzung):*
*Tim:* ***Perle*** *(hübsches Mädchen);* ***rattenscharfe*** *(sehr aufreizende);* ***Schnecke*** *(süßes Mädchen);* ***Kohle*** *(Geld);* ***Flamme*** *(Leidenschaft, Liebe, Freundin); Chris:* ***Ball flach halten*** *(keine Sorge, Ruhe bewahren)*

▷S. 37 **5** *Die Anglizismen lauten (mit Übersetzung):*
*Tim:* ***easy*** *(einfach);* ***coolen*** *(netten);* ***abzuchecken*** *(herauszufinden); die* ***Beauties*** *(Schönheiten);* ***news*** *(Neuigkeiten)*
*Chris: total* ***happy*** *(überglücklich);* ***Mail*** *(Nachricht, meist kurz für E-Mail),* ***okay****? (in Ordnung?/einverstanden?)*
*Tim:* ***Sorry*** *(Entschuldige);* ***chatten*** *(per Computer austauschen)*
*Chris:* ***online*** *(per PC im Internet);* ***Bye*** *(Tschüss)*

**6** *a) Julia hat sich auf die Pause gefreut, weil ihr Schwarm sich mit ihr verabredet hat.*
*b) Ich habe schlechte Laune, weil ich heute hochkant aus dem Unterricht geflogen bin.*
*c) Falsche „weil-Sätze" sind schon einmalig, obwohl das mit anderen Konjunktionen auch geht.*

▷S. 38 **7 + 8**

| Jugendsprache (Originalton) | Verbesserungsvorschlag | „Mangel"/Fachbegriff |
|---|---|---|
| *(1) etwas voll Aufregendes* | *etwas Aufregendes* | *Superlativ der Jugendsprache* |
| *(3) wirklich Fun* | *viel Spaß* | *Anglizismus* |
| *(4) Knete* | *Geld* | *Umgangssprachlicher Ausdruck* |

**9** *Ein Beispiel:*

Ich würde den Ausdruck „etwas voll Aufregendes" ersetzen durch den standardsprachlichen Ausdruck „etwas Aufregendes", weil es sich bei dem Wort „voll" um einen Superlativ der Jugendsprache handelt. Dieser sollte in einem sachlichen Bericht nicht vorkommen.

▷S. 38

## D Den Schreibplan erstellen

**1**

| Jugendsprache | Verbesserungsvorschlag | Mangel / Fachbegriff |
|---|---|---|
| *Schuldisse; was voll Krasses; echt fun; voll abgedanct; voll groggy; voll 'nen Schlag; voll der Kracher in Sport, voll Karacho; megacool; voll fette Beute* | *Schuldiskothek; viel; sehr; äußerst erschöpft; einen heftigen Schlag; unglaublich sportlich; mit voller Wucht; sehr lässig; reiche Beute* | *Superlativ der Jugendsprache bzw. Umgangssprache* |
| *Ich natürlich sofort gerufen; was; 'nen; Ich wollte gerade an die frische Luft; irgend son; noch nie gesehen; auch schon da; von wegen Unbekannter; wird der bestimmt* | *Ich habe natürlich sofort gerufen: …; etwas; einen; Ich wollte gerade an die frische Luft gehen; irgend ein; den ich noch nie gesehen habe; er war auch schon da; und er war kein Unbekannter: … ; wird der Junge bestimmt …* | *Ellipse* |
| *inner; vonner; hinterm* | *in der; von der; hinter dem* | *Verschmelzung* |
| *big; Full House; abgedanct; fun; Teacher; zum Chillen; groggy; vom Abdancen; megacool* | *groß; es war sehr voll; getanzt: Spaß; Lehrer; zum Erholen; erschöpft; vom Tanzen; sehr nett* | *Anglizismus* |
| *weil ich war voll groggy …; weil der ist voll der Kracher im Sport …; weil es waren noch drei Portmonees …* | *… weil ich völlig erschöpft war; … weil er in unglaublich sportlich ist; … denn in seiner Jacke waren noch drei Portmonees …* | *fehlerhafter Satzbau* |
| *in den Seilen hängen; hechten; vom Acker machen; der Kracher; auf der Matte stehen; fette Beute* | *erledigt sein; nachlaufen; verschwinden; leistungsstark sein; vor der Tür stehen; reicher Fang* | *Metapher* |
| *Typ, schmeißt; Bullerei; verknackt* | *Mann / Kerl; wirft; Polizei; verurteilt* | *Neologismus* |

**2** *So könnte dein verbesserter Text aussehen:*

**Geschnappt – Diebstahl während der Schuldiskothek**
(1) Am letzten Freitag ist während unserer Schuldiskothek in der großen Turnhalle etwas sehr Aufregendes passiert. (2) Es war wie jede Woche Schuldiskothek von der 8.–11. Klasse. (3) Das Haus war voll, viele Schülerinnen und Schüler tanzten ausgelassen und hatten großen Spaß. (4) Auf einmal hörte man jemanden schreien: „Mein Geld ist weg, jemand muss es gestohlen haben." (5) Alle Lehrer waren alarmiert und liefen aufgeschreckt umher. (6) Ich wollte gerade an die frische Luft zum Erholen, weil ich vom Tanzen ziemlich erschöpft war, da bekomme ich plötzlich einen heftigen Schlag ab. (7) Ich sah noch, wie ein Junge, den ich vorher noch nie gesehen hatte, weglief. (8) Ich habe natürlich sofort gerufen: „Da läuft der Dieb", und alle liefen hinterher. (9) André B., ein sehr guter Sportler und Schulsprintmeister, stürzte als Erster hinterher, holte ihn kurz hinter dem Schultor ein und warf sich mit aller Wucht auf ihn. (10) Herr Müller, unser sympathischer Sportlehrer, war auch schon zur Stelle, führte den Dieb ins Lehrerzimmer ab und rief die Polizei. (11) Die kam zehn Minuten später und nahm den Täter mit. (12) Der Täter hatte reiche Beute gemacht, es fanden sich noch drei Portmonees in seiner Jacke. (13) Und er war kein Unbekannter: Schon bei der Schuldiskothek am Einstein ist er erwischt worden. (14) Laut Angabe der Polizei wird der Junge bestimmt zu einer Jugendstrafe verurteilt.

▷S. 39

## E Den eigenen Text überarbeiten

**1** *Umgangssprachlich sind a (verweint), b (versetzen, verkaufen) und d (ausrasten, vor Wut außer sich geraten).*

**2** *Die Sätze sind alle gleich aufgebaut und enthalten viele Wiederholungen:* Ich habe in Satz 6 die fehlerhafte Satzkonstruktion „weil ich hing gerade voll groggy in den Seilen" ersetzt durch die richtige Satzkonstruktion: ..., weil das ein Nebensatz ist. Ich habe in Satz 6 das Wort „groggy"... ersetzt, weil das ein Anglizismus ist. Ich habe in Satz 6 den Superlativ ... ersetzt, weil das umgangssprachlich ist.
*Eine mögliche Lösung lautet hier:*
*Zunächst habe ich in Satz 6 die fehlerhafte Satzkonstruktion „weil ich hing gerade voll groggy in den Seilen" verbessert, indem ich das Prädikat ans Satzende gestellt habe („weil ich gerade voll groggy in den Seilen hing"). Im selben Satz habe ich außerdem den Anglizismus „groggy" durch den standardsprachlichen Begriff „ermüdet" ausgetauscht und den Superlativ „voll" durch „sehr" ersetzt, denn bei dieser Steigerung handelt sich um Umgangssprache …*

# ▷S. 40 *Ulrich Stock:* Der geborene Werbeträger – Einen Sachtext analysieren

## ▷S. 41 A Die Aufgabe verstehen

**1** *Schlüsselbegriffe sind:*
*1. **Analysiere** den Text ...:*
*– **Fasse** die **Aussagen** des Textes kurz **zusammen** und **nenne** die **Position** des Autors.*
*– Beschreibe den Textaufbau und die sprachlichen Mittel, ...*
*2. **Bewerte** die **Position**, ...*

▷S. 42 **2** *Folgende Arbeitsschritte gehören zur Aufgabe: b, c, f, g und h.*

**3** *c*

## ▷S. 42 B Erstes Textverständnis

**1** *Die beiden im Untertitel genannten Beispiele sind **Kind** und **Fußballstadion**.*

**2** *In den Zeilen 3 bis 32 geht es um einen Namen für ein neugeborenes Kind.*
*In den Zeilen 33 bis 57 befasst sich der Autor dann mit dem Namen eines Fußballstadions.*

**3** *a) Der Autor benutzt hier das Wort „Kind" mehrfach, um **deutlich zu machen, dass der Wert eines Babys ebenso wie der Wert der Bundesliga (des Deutschen liebstes Kind) durch eine bestimmte Summe ermessen werden kann. Er übernimmt damit demonstrativ die wirtschaftliche Denkweise der Personen, die er kritisieren möchte.***
*b) Die Lösung ist d.*

## ▷S. 43 C Übungen

**1** *Mögliche Lösung:*

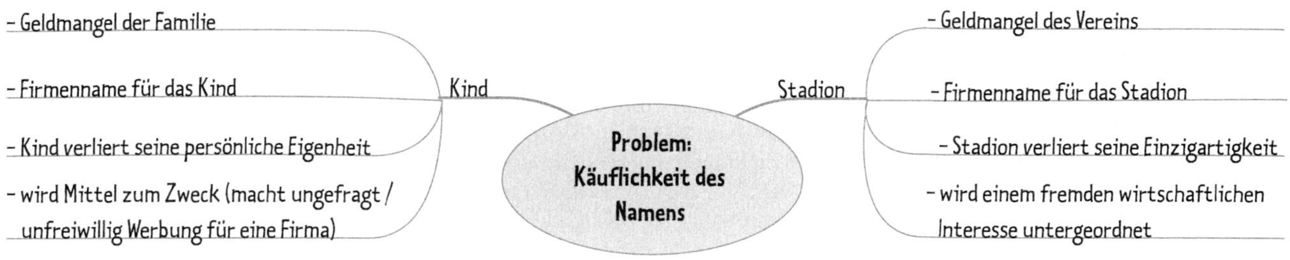


**2** *Folgende Kästchen der Tabelle gehören zusammen:*
*A – rhetorische Frage – (5)*
*B – Aufzählung – (7)*
*C – Vergleich – (6)*
*D – Metapher (Nomen) – (3)*
*E – Metapher (Adjektiv) – (4)*
*F – Wortzusammensetzung – (2)*
*G – Wortspiel – (1)*

▷S. 44 **3** + **4** *Markiert werden könnten z. B. die Formulierungen:*
*„Ein Widerspruch" (Z. 2); „unsittliches Angebot" (Z. 17); „den Namen ihres Kindes für Geld hergeben" (Z. 20/21); „An beißendem Spott des Publikums fehlt es nicht." (Z. 47)*

**5** *a) + b) So könnte deine Tabelle aussehen:*

| Position des Autors | unterstützende Argumente | Gegenargumente |
|---|---|---|
| *Stock hält den Verkauf eines Kindesnamens für **unsittlich**.* | Kind wurde gar nicht gefragt. Es könnte sein Leben lang unter einem ungeliebten Namen leiden oder deswegen gehänselt werden. Wenn der namensgebende Konzern in Skandale verwickelt wird, leidet der Namensträger mit. | Auch sonstige Vornamen haben nichts Persönliches, sondern werden von Heiligen usw. übernommen. Kinder, die einen häufig vorkommenden Vornamen haben, leiden auch. |
| *Stock sieht den Verkauf eines Stadionnamens an einen großen Konzern **skeptisch**.* | Vereinsanhänger könnten die Bindung an den Verein verlieren, wenn diese den Stadionnamen verkauft. Ein Sponsor könnte dem Verein Vorschriften machen, welche Getränke usw. bei einem Spiel verkauft oder welche Geräte verwendet werden dürfen und welche nicht. | Mit dem Sponsorengeld könnten teure Spieler eingekauft und dann Erfolge in internationalen Wettbewerben erzielt werden. |

## ▷ S. 44 D Den Schreibplan erstellen

**1** *Folgende Reihenfolge ist denkbar:*

*E: Titel des Textes (1), Name des Autors (2), Erscheinungsjahr (3), Quellenangabe (4), Thema des Textes (5)*
*H: Zusammenfassung des Textes (6), Textaufbau (7), Position des Autors (8), Sprachliche Mittel und ihre Wirkung (9)*
*S: Stellungnahme zur Position des Autors (10), Eigene Argumente (11)*
*Textzitate als Belege lassen sich nicht zuordnen, sie können überall erforderlich und sinnvoll sein.*

**2** *c*

▷ S. 45 **3** *Der Autor zeigt zunächst am Beispiel eines neugeborenen Kindes,* ***dass Eltern in den USA inzwischen sogar bereit sind, die Namen ihrer Kinder zum Verkauf anzubieten, nur um zu Geld zu kommen. Sie opfern damit ein wichtiges persönliches Merkmal ihrer Kinder den Webeinteressen großer Konzerne.***
*Stock führt dann ein zweites Beispiel an:* ***Der Hamburger Sportverein (HSV) hat vor einiger Zeit den Namen seines Fußballstadions an den amerikanischen Medienkonzern AOL verkauft, um zusätzliche finanzielle Mittel zu erschließen. Seitdem heißt das Stadion „AOL-Arena", worauf viele Fans des HSV negativ reagieren. Das hindert aber einige Fußballfunktionäre nicht daran, sogar über den Verkauf des Namens „Bundesliga" nachzudenken.***
*In beiden Fällen weist der Autor nach, dass* ***selbst das Unverwechselbare eines Menschen oder eines Vereins, der eigene Namen, in den Dienst großer Markenhersteller gestellt wird. Er möchte seinen Artikel entsprechend als einen „Widerspruch" dagegen verstanden wissen (s. Überschrift). …***
*Der Text ist so aufgebaut, dass zunächst* ***zwei Beispiele präsentiert werden, die das Problem veranschaulichen. Der Autor stellt dann einen absurden Vergleich zwischen einem Kind bzw. der Deutschen Bundesliga an, die beide als Träger eines Firmennamens in ein Werbekonzept eingebaut werden könnten. Damit macht Stock seine negative Einstellung zum Namensverkauf insgesamt deutlich. …***
*Stock verwendet in seinem Artikel einige sprachliche Besonderheiten. Als Erstes fällt* ***in Zeile 15 eine Aufzählung*** *auf. Damit will der Autor verdeutlichen, dass* ***große Konzerne versuchen, alles zu beherrschen, und inzwischen sogar fremde Namen durch den eigenen ersetzen wollen, um den eigenen Einfluss auszuweiten.***
*Als Zweites nutzt* ***der Autor einige Metaphern, um seine kritische Einstellung zu dieser Entwicklung deutlich zu machen. Dies geschieht z .B. in Zeile 31. Für ein neugeborenes Kind verwendet er die Bezeichnung „kleine Software"; und er formuliert, dass diese „Software" für einen werbetreibenden Konzern bei der „Auslieferung" völlig „frei von Beeinträchtigungen" sein müsse. Stock benutzt diese befremdliche Ausdrucksweise, um seine Kritik an dem Vorgang zu verdeutlichen.***

**4** *Ulrich Stock vertritt in dem Beitrag die Position, dass er* ***überhaupt nichts davon hält, Namen für Werbezwecke anderer zu verkaufen.*** *Meiner Meinung nach* ***hat der Autor damit völlig Recht. Namen sind etwas Besonderes und – bei Menschen – etwas sehr Persönliches, das man nicht aufgeben und schon gar nicht an andere verkaufen sollte. Völlig unvorstellbar ist es für mich, dass der Name eines Neugeborenen zu Werbezwecken an einen Konzern verkauft wird. Es kann viele Gründe geben, warum das Kind in seinem späteren Leben diesen fremden Namen ablehnen könnte, z. B. weil es die Produkte seines Namensgebers nicht mag und weil dieser Konzern sich in Skandale verwickeln könnte. … Mein Fazit ist – ähnlich wie das von Ulrich Stock – negativ: Ich halte es für notwendig, dass der Verkauf von Namen an große Konzerne zu Werbezwecken verboten wird.***

## ▷ S. 45 E Den eigenen Text überarbeiten

**1** *Folgende Verbformen sollten in der indirekten Rede stehen: begeistert seien, jubiliere, seien verunsichert, reagiere, zu schlucken hätten, denke … nach, zu hoch sei, zugeschlagen habe.*

## Punkteraster zur Selbsteinschätzung

*Mit diesem Raster kannst du deine eigene Arbeit selbst bewerten. Orientiere dich an den Angaben in der Spalte „Anforderungen". In der dritten Spalte steht die maximal erreichbare Punktzahl; schätze selbst ab, wie viele Punkte du dir geben würdest, und trage sie in die rechte Spalte ein. Wie viele Punkte hast du erreicht? Vergleiche sie mit dem Bewertungsschlüssel unter der Tabelle, damit du deinen Leistungsstand einschätzen kannst.*

| | Anforderung: Du … | Punkte (max.) | deine Punkte |
|---|---|---|---|
| Einleitung | *… formulierst einen* **Einleitungssatz**, *in dem du* **Autor, Titel** *und* **Thema** *des Textes nennst und* **Angaben zur Quelle des Textes** *machst.* | 4 | |
| Mittelteil | *… gibst den* **Inhalt** *des Textes knapp und genau wieder.* | 14 | |
| | *… stellst mit Hilfe mindestens eines* **Textzitats** *dar, welche* **Position der Autor** *zu dem dargestellten Sachverhalt einnimmt.* | 5 | |
| | *… stellst den* **Textaufbau** *(zwei Beispiele und eine verbindende Zuspitzung am Schluss) dar.* | 6 | |

| | Anforderung: Du ... | Punkte (max.) | deine Punkte |
|---|---|---|---|
| | *... zitierst mindestens* ***drei sprachliche Mittel*** *(z. B. Metapher, Fachwort oder Aufzählung), ordnest ihnen einen passenden* ***Fachbegriff*** *zu und klärst die* ***Wirkung bzw. Funktion*** *dieser sprachlichen Mittel im Text.* | *je 5 (= 15)* | |
| eigenes Urteil (Argumentation) | *... formulierst eine eigene* ***Stellungnahme****, indem du ...* | | |
| | *–* ***Argumente des Autors*** *hervorhebst und mit eigenen Erläuterungen versiehst,* | *4* | |
| | *– zusätzlich* ***eigene Argumente*** *anführst, um das Problem vertiefend zu erörtern,* | *5* | |
| | *– ein* ***Fazit*** *(Schlussurteil) formulierst, in dem du deine Meinung auf den Punkt bringst und z. B. eine Forderung erhebst.* | *2* | |
| | | *= 55* | |
| Darstellungsleistung | *... stellst alles* ***geordnet*** *und* ***übersichtlich*** *dar und machst dabei gliedernde Abschnitte.* | *3* | |
| | *... verwendest bei der Wiedergabe und Analyse von Textaussagen das* ***Präsens****.* | *2* | |
| | *...* ***wechselst*** *bei der Wiedergabe des Inhalts die* ***Verben*** *ab (nicht immer nur „Der Autor sagt ...“).* | *2* | |
| | *...* ***belegst Aussagen durch*** *buchstabengetreues* ***Zitieren****.* | *2* | |
| | *...* ***verwendest*** *den* ***Konjunktiv der indirekten Rede*** *korrekt, um Äußerungen des Autors wiederzugeben.* | *2* | |
| | *... verwendest durchgängig* ***Standardsprache*** *und keine Umgangssprache.* | *1* | |
| | *... machst* ***gedankliche Zusammenhänge*** *klar, indem du einleitend jeweils entsprechende Redewendungen („Dagegen spricht auch, dass ..“) verwendest.* | *2* | |
| | *... konstruierst Sätze abwechslungsreich, indem du verschiedene Verknüpfungen mit* ***Konjunktionen*** *wie „weil“, „sodass“, „obwohl“, „wenn“ und Adverbien wie „folglich“, „daher“ usw. verwendest.* | *2* | |
| | | *= 16* | |
| | *Gesamtpunktzahl* | *= 71* | |

*52–71 Punkte (73–100 %):*
*Du liegst im sehr guten bis guten Bereich. Schau dir trotzdem noch einmal genau die Stellen an, an denen du dich noch verbessern kannst.*

*42–51 Punkte (59–72 %):*
*Deine Leistungen sind durchschnittlich. Einiges gelingt dir schon ganz gut, manches musst du jedoch noch einmal üben. Versuche, Fehlerschwerpunkte zu entdecken und diese gezielt zu beheben.*

*32–41 Punkte (45–58 %):*
*Deine Leistungen sind ausreichend. Überarbeite deine Arbeit noch einmal. Versuche, Fehlerschwerpunkte zu entdecken und diese gezielt zu beheben.*

*0–31 Punkte (0–44 %):*
*Du hast in vielen Bereichen noch Schwierigkeiten. Sprich mit deiner Lehrerin/deinem Lehrer darüber, wie du dich verbessern kannst. Sie oder er kann dir helfen, deine Fehlerschwerpunkte zu analysieren und zu beheben.*

▹S. 46
# *Willi Fährmann:* Die letzte Fähre – Eine Erzählung analysieren

▹S. 48
## A Die Aufgabe verstehen

**1** *Folgende Aussagen treffen zu: b, d, f und h.*

▹S. 48
## B Erstes Textverständnis – Ideen entwickeln

**1** *Hier sind verschiedene Antworten möglich, z. B.:* Das war knapp, würde ich sagen – die Situation hätte auch ganz anders ausgehen können, und zwar für alle Beteiligten. Ich musste die Geschichte ein zweites Mal lesen, weil so viel gleichzeitig passiert. Dass Menschen so unterschiedlich denken und handeln können! Sie sind gut beschrieben, finde ich.

**2** *Hetze der SA-Männer:*
*„Die Juden sind unser Verderben", stand in fetten Buchstaben darauf (Z. 20); „Wir haben denen in Wesel eingeheizt", rief ein ganz junger SA-Mann. „Und das war erst der Anfang. Läuse im Pelz muss man knacken." (Z. 21–23); „Mandelbaumer, ein schöner Name für eine Judenschickse." (Z. 53) „Sie ist eine Judengöre", rief der SA-Mann jetzt laut. (...) Truppführer. Ich hab's genau gehört. (Z. 40–43); „Halt die Klappe, Oma", fauchte der Jüngere sie an. „Hast du wohl noch nicht gehört dass die SA jetzt Polizeigewalt hat, was?" (Z. 44–46)*

*Christians Gedanken, Gefühle, Reaktionen:*
*„Hör nicht hin", flüsterte Christian Elfie zu. Er legte ihr den Arm um die Schultern (...). Er wollte sie trösten, aber was sollte er sagen? (Z. 11–13); „Nichts, nichts", sagte Christian. (Z. 39–40); Christian tuschelte Elfie zu. „Frag nicht lange und tu, was ich sage. (...) Unmittelbar bevor die Fähre an Land glitt, ließ sich Christian über die Reling ins Wasser fallen. (Z. 50–55); Christian platschte mit seinen Händen auf das Wasser, versank und tauchte wieder auf, (...) und war schnell einige Meter entfernt (Z. 57–59); „Du warst wie ein Lamm im Wolfspelz", lachte der Schmidtbauer. In der folgenden Nacht brachte er Elfie auf Schleichpfaden über die Grenze. (Z. 69–70)*

*Verhalten des jüdischen Mädchens Elfie:* ⟷
*ihr Zittern (Z. 11); „Schmah, Israel!", entfuhr es Elfie. (Z. 37); Elfie hatte inzwischen ihren Ausweis aus der Handtasche geholt und hielt ihn dem SA-Mann hin. (Z. 46–48); Niemand außer Elfie wusste, dass Christian ein ausgezeichneter Schwimmer war. (Z. 63–64); (...) schlich sie sich heimlich von der Fähre (Z. 65)*

*Reaktionen der Passagiere:*
*„Ja, endlich geht's den Juden an den Kragen", mischte sich der Kutscher ein. „Wird auch höchste Zeit, dass das Pack eins auf die Nase kriegt." (Z. 7–9); „Eine Schande ist das, was sie mit den Leuten machen", widersprach die ältere Frau (...) so leise, dass nur wenige sie verstehen konnten. (Z 9–11); „Aber wieso denn?", protestierte die Frau. (Z. 44); „Ihr seid mir schöne Polizisten", nörgelte die Frau. (Z. 46); Während alle gebannt der Rettungstat zuschauten, (...). (Z. 64)*

**3** *Richtig sind die Lösungen c und d.*

**4** *Elfie:* Schmah, Israel! Jetzt ist alles aus. Hier gibt es kein Entkommen, wenn sie uns kontrollieren. Und der Koffer ... was soll ich nur tun? Ich habe Angst.
*Christian:* So ein Pech. Aber ruhig Blut. So lange sie mit ihrem Plakat beschäftigt sind ... Sie dürfen nur nicht auf uns aufmerksam werden. Mit dem Geldkoffer ist gleich klar, dass Elfie auf der Flucht ist.

▷ S. 49

## C Übungen

**1** *Die richtigen Lösungen lauten der Reihenfolge nach:*
***bedrohlich** (Z. 16–17); Hitlergruß (Z. 17); **überzeugte Nationalsozialisten**; **zu zwölft** (Z. 16); wenig Rücksicht (Z. 18); **Die Macht der SA-Männer**; gar nicht (Z. 21); Aufschrift des Plakats (Z. 20); **die Juden**; **Juden**; **Widerspruch**; Mit **unverschämten Äußerungen**; **zum Schweigen** (Z.44–46); Die **verächtliche** Haltung; Juden als **Ungeziefer** (Z. 23); Elfie **beschimpfen** (Z. 40; Z. 53); **laut herumprahlen** (Z. 21–24)*

**2** *Folgende Lösungen gehören zusammen:*
*a) + 2 (Z. 9–10): empfindet, dass man mit den Juden so nicht umgehen darf und schämt sich dafür; hat aber auch Angst*
*b) + 5 (Z. 23): ist von der Rassenideologie überzeugt; lässt sich täuschen (von Christian) und verpetzt Elfie beim Truppführer*
*c) + 1 (Z .8–9): typischer Mitläufer, der Juden gegenüber negativ eingestellt ist; übernimmt die Vorurteile, ohne sie zu prüfen*
*d) + 6 (Z. 14–15): verhält sich neutral; unternimmt als Herr der Fähre aber nichts gegen das Plakat, das ihm die Sicht versperrt*
*e) + 3 (Z. 54–55): ist mit Familie Mandelbaumer befreundet und will Elfie in Sicherheit bringen; scheut keine Gefahr*
*f) + 4 (Z. 70): hilft Juden und bringt sich selbst in Gefahr; wirkt sehr abgeklärt, hat vermutlich schon viel gesehen und erlebt*

**3** *Einige Adjektive treffen auf mehrere Figuren zu. So könnte deine Lösung z. B. aussehen:*

| | |
|---|---|
| ***ältere Frau:*** | *couragiert, unwillig, verärgert, vorsichtig, schlagfertig* |
| ***junger SA-Mann:*** | *niederträchtig, provozierend, impulsiv, unhöflich* |
| ***Kutscher:*** | *boshaft, aggressiv, unfreundlich* |
| ***Fährmann:*** | *umsichtig, unbeteiligt, verantwortungsbewusst, unparteiisch, schnell* |
| ***Christian:*** | *mutig, vorausschauend, beschützend, reaktionsschnell, beschwichtigend, entschlussfreudig, besonnen* |
| ***Schmidtbauer:*** | *hilfsbereit, überlegen, humorvoll* |

▷ S. 50 **4**

| Christians Verhalten | Bewertung / Einschätzung |
|---|---|
| *Z. 11–12: „Hör nicht hin", flüsterte Christian Elfie zu. Er legte ihr den Arm um die Schultern.* | Er will Elfie trösten, als die Rede auf die gewalttätigen Übergriffe auf Juden kommt (zerschlagene Scheiben usw.). |
| *Z. 39–40: „Nichts, nichts", sagte Christian.* | Er versucht, Elfies Ausspruch zu vertuschen, damit der SA-Mann glaubt, er habe sich verhört. |
| *Z. 50–51: „Frag nicht lange und tu, was ich sage. Schnapp gleich deinen Koffer und lauf ..."* | Christian weiß genau, was er tut; damit sein Plan aufgeht, muss Elfie sich auf ihre Flucht konzentrieren. |

| | |
|---|---|
| *Z. 54ff.: … ließ Christian sich ins Wasser fallen … platschte mit den Händen, versank und tauchte wieder auf, …* | Christian handelt klug und schnell; er begibt sich in die Hände der SA-Leute und ermöglicht Elfie so die Flucht. |
| *Z. 66ff.: „Meine Retter haben mich noch in ihr Stammlokal geschleift. Ich musste ihnen Bier und Schnaps ausgeben …"* | Auch bei dem gemeinsamen „Umtrunk" nach der Rettung verhält er sich besonnen und übersteht ihn unbeschadet. |

**5**
a) *Zutreffend sind alle außer c.*
b) *c*
c) *am ehesten (3) oder (6); Hinweis: keine Überschrift ist falsch. Es kommt darauf an, dass du deine Wahl überzeugend begründest, z. B.:* Im Mittelpunkt der Geschichte steht für mich …; Am bedeutsamsten ist für mich …

**6**
a) *d*
b) *Der ursprüngliche Vergleich bedeutet, dass jemand, der gefährlich ist, vorgibt, harmlos zu sein. Hier ist gemeint, dass jemand, der gefährlich aussieht, eigentlich ganz harmlos ist. Schmidtbauer bezieht sich auf den von Christian geschilderten Hemdentausch: Durch das geliehene Braunhemd, einen Teil der SA-Uniform, scheint er zu ihnen zu gehören, solange er mit am Tisch sitzt. Das Hemd ist sozusagen der Wolfspelz, denn SA-Leute sind gefährlich und gewalttätig. Christian ist aber mit einer jüdischen Familie befreundet, hilft Elfie bei ihrer Flucht und riskiert dabei, als „Judenfreund" entdeckt zu werden. Für die Juden ist er also ungefährlich wie ein Lamm (vgl. „lammfromm" sein).*

## ▷ S. 51 D Schreibplan erstellen

**1** + **2**
*1. Einleitung (C)* — *2. Der Inhalt (E)* — *3. Figurenverhalten (B)*
*4. Christians Verhalten (A)* — *5. So sehe ich Christan (fehlt)* — *6. Schmidtbauers Vergleich (D)*

## ▷ S. 51 E Den eigenen Text überarbeiten

**1** *So könnte die verbesserte Inhaltszusammenfassung lauten (Ergänzungen unterstrichen):*

(1) Die Geschichte <u>„Die letzte Fähre" von Willi Fährmann</u> (2) spielt im April 1933 in Deutschland. (3) Dort sind gerade die Nationalsozialisten an der Macht, <u>(4, ergänzt) die Verfolgung der Juden hat bereits begonnen.</u> (5) Elfie <u>Mandelbaumer</u> ist eine Jüdin, die <u>ihr Vater</u> <u>mit einem Koffer voll Geld</u> vorsichtshalber außer Landes <u>bringen lassen</u> möchte. (6+7, ergänzt) <u>Christian, ein Freund der Familie, begleitet sie auf der Flucht über den Rhein, um sie danach einem Fluchthelfer namens Schmidtbauer zu übergeben, der sie über die Grenze nach Holland bringen soll.</u> (8) Als es während der Fährfahrt <u>fast</u> zu einem Schiffsunglück kommt, wird Elfie von den SA-Leuten als Jüdin erkannt. (9) <u>Mit Hilfe eines vorgetäuschten Unglücks</u> kann Elfie der SA in letzter Sekunde entkommen: (10) Christian geht über Bord, <u>täuscht glaubhaft vor, zu ertrinken</u> und wird von einem jungen SA-Mann „gerettet". <u>(11, ergänzt) Dieses Ablenkungsmanöver rettet Elfie vor der drohenden Festnahme. (12, ergänzt) Nachdem Christian seinen Retter zu einem Bier eingeladen hat, trifft er anschließend an einem sicheren Ort wieder auf Elfie und Schmidtbauer.</u>

## Punkteraster zur Selbsteinschätzung (Bewertung vgl. Lösungsteil, S. 15)

| | Anforderung: Du … | Punkte (max.) | deine Punkte |
|---|---|---|---|
| Einleitung | *… formulierst einen* ***Einleitungssatz****, in dem du* ***Autor, Textsorte, Titel*** *und* ***Thema*** *nennst und die besondere* ***historische Situation*** *(Deutschland, April 1933) erläuterst, in der die Geschichte spielt (vgl. Einleitungstext).* | 5<br>1 | |
| Mittelteil | *… gibst den* ***Inhalt*** *der Geschichte knapp und genau wieder.* | 6 | |
| | *… beschreibst* ***das Verhalten der fünf Nebenfiguren*** *(Elfie, SA-Männer; die ältere Frau, der Kutscher, der Fährmann), indem du …* | | |
| | → *… deine Beschreibung pro Person mit mindestens zwei Textzitaten belegst.* | (5 x 2) | |
| | → *… das Verhalten der jeweiligen Person mit mindestens zwei zutreffenden Adjektiven beschreibst (z. B. <u>couragiert und schlagfertig</u>, …).* | (5 x 2) | |
| | → *… die Situation deutlich machst, die sich daraus ergibt (Hetze der SA-Männer gegenüber Juden im Allgemeinen bzw. Elfi im Besonderen; die tödliche Gefahr, die für Elfie, u. U. auch für Christian als ihrem Helfer, droht; das unterschiedliche Verhalten der Passagiere bzw. der Fährleute gegenüber Elfie und den SA-Leuten).* | 4 | |
| | → *… dabei* ***besonders auf das Verhalten von Christian eingehst*** *(seine Gedanken und Gefühle, Reaktionen, vor allem seine „Rettungs"-Idee).* | 8 | |
| | *…* ***erläuterst*** *den* ***Vergleich von Schmidtbauer****, indem du …* | | |
| | → *das ursprüngliche Sprichwort nennst und erklärst und …* | 2 | |
| | → *Schmidtbauers Variante im Kontext der Geschichte erklärst und deutest.* | 2 | |

| | Anforderung: Du ... | Punkte (max.) | deine Punkte |
|---|---|---|---|
| eigenes Urteil | ... ***beurteilst das Verhalten von Christian****, indem du ...*<br>*– die brisante Situation für ihn und Elfie hervorhebst und vor dem Hintergrund der damaligen Zeit und vor dem Verhalten der anderen Figuren bewertest.* | *4* | |
| | *– ein* ***Fazit*** *(Schlussurteil) formulierst, in dem du deine Meinung auf den Punkt bringst und z. B. mit einem Wunsch oder einer Forderung verknüpfst.* | *3* | |
| | | *= 55* | |
| Darstellungsleistung | *... stellst alles* ***geordnet*** *und* ***übersichtlich*** *dar und machst dabei gliedernde Abschnitte.* | *3* | |
| | *... verwendest bei der Wiedergabe und Analyse von Textaussagen das* ***Präsens****.* | *2* | |
| | *...* ***wechselst*** *bei der Wiedergabe des Inhalts einleitende Konjunktionen und Partikel ab (nicht immer nur „Dann ... Dann").* | *2* | |
| | *...* ***belegst Aussagen durch*** *korrektes und buchstabengetreues* ***Zitieren****.* | *2* | |
| | *...* ***verwendest treffende und anschauliche Adjektive****, um die Figuren und ihr Verhalten zu beschreiben und zu bewerten.* | *2* | |
| | *... verwendest durchgängig* ***Standardsprache*** *und keine Umgangssprache; benutzt die Fachbegriffe für das Analysieren von Erzähltexten (der Erzähler, die Figuren).* | *1* | |
| | *... machst* ***gedankliche Zusammenhänge*** *klar, indem du einleitend jeweils entsprechende Redewendungen verwendest.* | *2* | |
| | *... konstruierst Sätze abwechslungsreich, indem du verschiedene Verknüpfungen mit* ***Konjunktionen*** *wie „während", „damit", „obwohl", „da" usw. und Adverbien wie „infolgedessen", „deshalb" usw. verwendest.* | *2* | |
| | | *= 16* | |
| | *Gesamtpunktzahl* | *= 71* | |

▹S. 52
## *Ludwig Jacobowski:* Großstadt-Lärm – Ein Gedicht analysieren

▹S. 53
### A Die Aufgabe verstehen

**1** ***Analysiere*** *das Gedicht Großstadt-Lärm von Ludwig Jacobowski.*
- *Stelle dar,* ***wie*** *Jacobowski* ***Stadt und*** *ländliche* ***Natur beschreibt****.*
- *Untersuche* ***formale und sprachliche Mittel*** *und ihre* ***Wirkung****.*
- *Geh dabei besonders auf die* ***Rolle des lyrischen Ichs*** *und die* ***Bildlichkeit*** *des Gedichts ein.*

***Nimm Stellung****, inwieweit du die Erfahrungen des lyrischen Ichs heute noch teilen kannst.*

**2** *a) Folgende Aussagen treffen zu: a, d, f, h, i, j, k und l.*
*b) Zu Teilaufgabe 1 gehören die Aussagen a, d, f, h, i und l, zu Teilaufgabe 2 die Aussagen j und k.*

▹S. 53
### B Erstes Textverständnis – Ideen entwickeln

**1** *c), mögliche Begründung:*

> Ich habe mich für Überschrift c) entschieden, weil für mich die „Sehnsucht nach Stille" als Eindruck überwiegt. Besonders deutlich wird diese Sehnsucht am Anfang und Ende des Gedichts. Dort ruft das lyrische Ich nach der Stille auf dem Land: „Wo bist du, stilles Ackerland". Er bittet sie, wie eine vertraute Person, ihn aus der Stadt herauszuholen: „o Land der Stille hol mich doch / hol den Gefangenen nach Hause".

**2** *Mögliche Lösungen:*

> Nach dem ersten Lesen spricht mich das Gedicht nicht besonders an, weil die Sprache befremdlich wirkt und ich als „Stadtmensch" das Landleben einfach nur langweilig finde. Stadtleben beinhaltet für mich auch viel mehr, als hier dargestellt wird.

**3** *Strophe 1: Land, Weite,* Freiheit, Ruhe
*Strophe 2:* Nacht, Stille, Entspannung
*Strophe 3: Stadt, Lärm,* Bedrohung
*Strophe 4:* Lärm, Aufregung, Einengung

## ▹S. 54 C Übungen

**1** *Geräusche in der Stadt (hier ohne Bewertung): Verkehr: Motorenlärm von U- und S-Bahn, Autos, Bussen, Flugzeugen usw. (Dröhnen, Summen, Brummen, Hupen, Quietschen); menschliche Stimmen (Rufen, Gelächter, Gejohle, Gesang, Pfeifen, Unterhaltung, hitzige Diskussion); Baustellengeräusche usw.*

**2** *Das Gedicht hat* **4** *Strophen, eine Strophe besteht immer aus* **4** *Versen. Das Reimschema ist* **abab**, *es handelt sich also um einen* **Kreuzreim**. *Das Versmaß ist fast durchgängig ein* **Jambus**, *nur in den Versen* **elf und sechzehn** *taucht plötzich ein* **Daktylus** *auf. Jeder Vers hat* **4** *Betonungen, die einzige Ausnahme ist Vers* **16**, *dort sind es nur* **3** *Betonungen.*

**3** *a) c*    *b) b*

**4** *a) 1+e  2+a*
*3+b  4+d*
*5+c*

*b) 1. Enjambement: V. 1–4, V. 5–6, V. 7–8, V. 9–10, V. 11–12*
*2. Personifikation:* **„ermüdet"** *(V. 1–2);* **„treue Sterne"** *(V. 4);* **„hol mich doch"** *(V. 15)*
*3. Hyperbel: Gejohle → bis an die Dächer (V. 13–14); „den Gefangenen" ( V. 15)*
*4. Rhetorische Frage:* **„Wo bist du, stilles Ackerland"**, *…? (V. 1–4)*

**5** *a) Stellen, an denen das lyrische Ich deutlich wird:* **„ich"** *(Z. 9);* **„mich"** *(Z. 10, Z. 15);* **„meinen"** *(Z. 11)*
*b) Zutreffend sind die Aussagen b und c.*

**6**

| Strophe | Verben | Adjektive | Nomen |
|---|---|---|---|
| *1* | *ermüdet ⊖, eingefriedet ⊕* | *stilles ⊕, bittern ⊖, grenzenloser ⊕, treuen ⊕* | *Ackerland ⊕, Tagewerk ⊖, Himmelsrand ⊕, Sternen ⊕* |
| *2* | *senkt ⊕, hängt ⊕* | *locker ⊕* | *Nacht ⊕, Gärten ⊕, Heide ⊕, Wald ⊕, Fluren ⊕, Hauch ⊕, Silberspuren ⊕* |
| *3* | *schleiche ⊖, droh'n ⊖, taumeln ⊖, durchlärmten ⊖* | | *Mauern ⊖, Nachtschwärmer ⊖, Hallen ⊖* |
| *4* | *hol ⊕* | | *Gejohle ⊖, Kellerloch ⊖, Gebrause ⊖, Stille ⊕, Gefangenen ⊖, Hause ⊕* |

*c) Zusammenfassend lässt sich sagen, dass die ländliche Natur im Gegensatz zur Stadt in den* **ersten beiden** *Strophen mit* **positiven** *Wörtern beschrieben wird, und zwar vor allem durch* **Adjektive** *und* **Nomen**. *In der dritten Strophe wird* **die Stadt überwiegend** *durch* **negative** *Begriffe beschrieben, hier sind es hauptsächlich* **Verben**, *die diese Bedeutung transportieren. In der letzten Strophe ist wieder positiv vom* **Land** *die Rede. In der Wahrnehmung des lyrischen Ichs erscheint das Land als* **paradiesisch ruhig**, *die Stadt als* **bedrohlich laut**.

**7** *a) Das Ackerland … ist* **ermüdet** *… (menschliche Eigenschaft)*
*Die Sterne … sind* **treu** *… (menschliche Eigenschaft)*
*Die Nacht …* **senkt sich** *(wie ein Vogel) … (menschliche Verhaltensweise)*
*Ein Hauch … hängt* **locker** *in den Ästen … (menschliche Verhaltensweise)*
*Die Mauern …* **drohen** *herabzufallen … (menschliche Verhaltensweise)*

*b) b*

**8**

| Beispiel für einen Schluss | an ersten Eindruck angeknüpft? | auf Analyseergebnisse bezogen? | klar zum Text Stellung genommen? | insgesamt sprachlich gelungen? |
|---|---|---|---|---|
| *A* | *ja* | *nein* | *ja* | *nein* |
| *B* | *ja* | *nein* | *ja* | *ja* |
| *C* | *nein* | *ja* | *nein* | *ja* |

**9** *Hier gibt es keine Musterlösung; der Schluss hängt stark von deiner Bewertung von Stadt und Land ab.*

## ▹S. 57 D Den Schreibplan erstellen

**1** *In Ludwig Jacobowskis Gedicht „Großstadt-Lärm" aus dem Jahre 1906 geht es um das Leben in der Großstadt, wie es das lyrische Ich empfindet. Darin werden Stadt und Land als sehr gegensätzliche Orte beschrieben und auch bewertet.*

**2** *Während in den ersten beiden Strophen des Gedichts die Vorzüge des Landes heraufbeschworen werden, werden in der dritten und vierten Strophe hauptsächlich die negativen Seiten der Stadt geschildert.*

**3**

| Formale und sprachliche Aspekte | Inhaltliche Bedeutung und ggf. Wirkung |
|---|---|
| ***Äußere Form*** | *Vier Strophen, vier Verse: Zwei Strophen beschreiben das Land, zwei Strophen stellen die Stadt dar. Insgesamt ist es eine ausgewogene Darstellung, wenn auch gegensätzliche Beschreibung. Beide Beschreibungen nehmen fast gleich viel Raum ein. Der regelmäßige Aufbau unterstützt in den ersten beiden Strophen die Harmonie zwischen dem lyrischen Ich und dem Land.* |

| | |
|---|---|
| | *Eintönigkeit und Sehnsucht spiegeln sich im gleichmäßigen Wechsel betonter und unbetonter Silben wider (fast durchgängiger Jambus, vier Betonungen pro Vers), was nur in der letzten Strophe durch den Ausruf (Daktylus, drei Hebungen im Vers) lebhaft unterbrochen wird. Auch Vers 11 beginnt mit einem Daktylus, als Menschen (Nachtschwärmer) auftreten. Eintönigkeit bzw. Gleichmaß des Metrums wirken bedrückend. Vers 11 und Schlussvers weichen im Rhythmus ab (Daktylus), dies verstärkt z. B. den Wunsch / Ausrufcharakter der Aussage am Ende. Die Enjambements, d. h. der fließende Übergang zwischen den Zeilen, wirken dynamisch.* |
| ***Lyrisches Ich*** | *Die klare Benennung (ich, mich, meine ...) erleichtern dem Leser die Identifikation und den Einblick ins Gefühlsleben. Das lyrische Ich fühlt sich bedroht, bedrängt, eingeengt, gefangen.* |
| ***Sinn tragende Wörter*** | *Land: still, grenzenlos, eingefriedet, locker vs.*<br>*Stadt: schleichen, drohen, Gefangener, Gebrause, Gejohle, durchlärmt, taumeln, kreuzen* |
| ***Sprachliche Bilder*** | *Himmel, Sterne, Mauer, Hallen, Kellerloch* |

**4** *Zusammenfassend kann man festhalten, dass das Gedicht vom Gegensatz zwischen bedrohlicher Großstadt und friedlichem Landleben geprägt ist. Wie oben gezeigt, unterstützen die eingesetzten sprachlichen Mittel die Sehnsucht nach diesem friedlichen Land, insbesondere die Personifikationen. Beim ersten Lesen hat mich das Gedicht „Großstadt-Lärm" nicht besonders angesprochen, vielleicht deshalb, weil ich als „Stadtmensch" mit „Ackerland", „Tagewerk" und anderen Begriffen nicht so viel anfangen kann. Nach meiner Analyse verstehe ich den Text besser und finde die Gegensätze zwischen Stadt und Land interessant beschrieben. Die Sehnsucht nach dem friedlichen Land kann ich jetzt besser nachvollziehen. Auch ich fühle mich nicht immer wohl in der Stadt, weil mir die Aufregung in den Straßen und der Verkehrslärm manchmal zu laut sind.*

**5** *So könnte der Hauptteil deiner Gedichtanalyse lauten:*

Das Gedicht besteht aus vier Strophen zu je vier Versen. Während die ersten beiden Strophen die positiven Seiten des Landes herausstellen, thematisieren die letzten beiden Strophen die Unannehmlichkeiten der Stadt.

Das Gedicht wird mit einer rhetorischen Frage eingeleitet: „Wo bist du stilles Ackerland, / vom bitter'n Tagewerk ermüdet [...]?"(V. 1–4). Durch diese direkte Ansprache und Personifikation in der ersten Strophe wird die Sehnsucht des lyrischen Ichs nach dem Land, das wie eine vertraute Person erscheint, besonders deutlich. Diese Vertrautheit wird durch eine weitere Personifikation verstärkt: „[...] von treuen Sternen eingefriedet" (V. 4). Gleichzeitig vermittelt das Verb (Partizip) „eingefriedet" ein Gefühl der Geborgenheit.
Der „grenzenlose[r] Himmelsrand" steht für die uneingeschränkte Freiheit (V. 3). In der zweiten Strophe wird durch die einbrechende Nacht eine beruhigende, entspannte Atmosphäre erzeugt, die sich auch in dem Adjektiv „locker" (V. 7) widerspiegelt.
Unterstützt wird diese Harmonie zwischen dem lyrischen Ich und der Natur durch das regelmäßige Metrum. Der Jambus führt in Verbindung mit den Enjambements dazu, dass die Erfahrungen und Bilder am Leser vorbeifließen – ohne Pausen oder Unterbrechungen.
In der dritten Strophe gibt sich das lyrische Ich zum ersten Mal durch das Personalpronomen „ich" und das Possessivpronomen „meinen" ausdrücklich zu erkennen (V. 9–11). Das lyrische Ich gibt dem Leser auf diese Weise Einblick in sein Gefühlsleben, wodurch die Identifikation des Lesers mit dem lyrischen Ich erleichtert wird. Es kommt zu einem plötzlichen inhaltlichen Bruch. Dargestellt wird die Stadt, von der sich das lyrische Ich bedroht und eingeengt fühlt. Im sprachlichen Bild der herabfallenden Mauer wird die Enge und Bedrängnis, unter denen das lyrische Ich leidet, veranschaulicht: „Hier schleiche ich die Mauern lang,/ die droh'n auf mich herabzufallen" (V. 9–10).

Im weiteren Verlauf erfolgt ein Wechsel im Metrum. Vers 11 setzt mit einem Daktylus ein. „Nachtschwärmer" treten plötzlich in Erscheinung, sie fallen durch die neue Betonung akustisch auf: „Nachtschwärmer kreuzen meinen Gang / Und taumeln in durchlärmten Hallen" (V. 11–12). Durch das Verb „kreuzen" wird ein weiteres Mal die Freiheitsberaubung des lyrischen Ichs deutlich. Die Aufregung, die Unruhe und die Lärmbelästigung werden durch die dynamische Wirkung des Daktylus betont. In der vierten Strophe steigert sich der Lärm und erreicht seinen Höhepunkt in einer Hyperbel: „Gejohle aus dem Kellerloch, / bis an die Dächer ein Gebrause" (V. 13–14).
Zum ersten Mal fehlen auch die Enjambements, die zuvor einen fließenden, harmonischen Übergang bewirkt hatten. Das führt dazu, dass sich die Ereignisse geradezu zu überschlagen scheinen, und verstärkt eindringlich den „Bruch" im Text.
Das Gedicht endet mit einer Aufforderung an das personifizierte Land: „o Land der Stille, hol mich doch,/ hol den Gefangenen nach Hause" (V. 15–16), und schlägt somit den Bogen zum Anfang. Hatte sich das lyrische Ich zu Beginn mit einer sehnsuchtsvollen Frage an das Land gewandt, so erinnert die Aufforderung am Ende des Gedichts an einen verzweifelten Hilferuf. Verstärkt wird diese Wirkung noch durch das abweichende Metrum (Daktylus), durch die es lebhafter wirkt als die vorherigen, beständigen Jamben.
Das lyrische Ich spricht über sich selbst in der dritten Person Singular und nennt sich „den Gefangenen", durch diese Nominalisierung wird die bedrohliche und belastende Enge in der Stadt offensichtlich. Im deutlichen Gegensatz dazu steht das in den ersten beiden Strophen gepriesene weite Land, der „grenzenlose[r] Himmelsrand" (V. 3), von dem sich das lyrische Ich die Befreiung und ersehnte Stille erhofft.

▷ S. 57 E **Den eigenen Text überarbeiten**

**1** *a) + b)* *Das Gedicht „Großstadt-Lärm" beginnt mit der Frage: „Wo bist du, stilles Ackerland?"* ***(V. 1)****. Im weiteren Verlauf ist von „treuen Sternen"* ***(V. 2)*** *die Rede. Demgegenüber steht die Stadt, deren „[...] Mauern [...] droh'n herabzufallen"* ***(V. 9–10)****, und zwar „auf mich"* ***(V. 10)****, d. h. auf das lyrische Ich.*

## Punkteraster zur Selbsteinschätzung (Bewertung vgl. S. 15 in diesem Lösungsheft)

| | Anforderung: Du ... | Punkte (max.) | deine Punkte |
|---|---|---|---|
| Einleitung | *... formulierst einen* ***Einleitungssatz****, in dem du* ***Autor, Textsorte, Titel*** *und* ***Thema*** | *5* | |
| | *sowie deinen ersten* ***Leseeindruck*** *nennst und* | *3* | |
| | *die* ***Gegensätze in der Darstellung von Stadt und Land*** *erwähnst.* | *2* | |
| Mittelteil | *... gibst den* ***inhaltlichen Aufbau des Gedichts*** *wieder (zwei Strophen Land – positiv beschrieben, zwei Strophen Stadt – negativ beschrieben).* | *6* | |
| | *... beschreibst die regelmäßige* ***äußere Form des Gedichts****:* | | |
| | *– 4 Strophen à 4 Verse* | *2* | |
| | *– Reimschema: Kreuzreim* | *1* | |
| | *– regelmäßiges Metrum: Jambus (außer in Vers 11 und 15 → Daktylus)* | *2 (+2)* | |
| | *– Enjambements* | *1* | |
| | *... untersuchst die* ***Rolle des lyrischen Ichs****, indem du ...* | | |
| | *– das Auftreten des lyrischen Ichs in Vers 9–11 und 15 erwähnst.* | *3* | |
| | *– die Sehnsucht des lyrischen Ichs nach der Ruhe/Geborgenheit des Landes deutlich machst.* | *3* | |
| | *– die Ansprache des lyrischen Ichs an das Land (Personifikation) in Strophe 1 und 4 als Klammer des Textes benennst.* | *3* | |
| | *... untersuchst die* ***Wirkung der Bildlichkeit****, indem du ...* | | |
| | *– die Wirkung der Wortwahl erläuterst: 1./2. Strophe positive Darstellung des Landes, v. a. durch Adjektive und Nomen; 3./4. Strophe negative Darstellung der Stadt, v. a. durch Verben.* | *6* | |
| | *– zentrale sprachliche Bilder und ihre Wirkung benennst, v. a. „treue(n) Sterne" und „Mauern" „droh'n herabzufallen".* | *3* | |
| | *...* ***fasst*** *deine wesentlichen Analyse****ergebnisse*** *kurz und präzise* ***zusammen****.* | *4* | |
| Eigene Stellungnahme | *...* ***beurteilst die Erfahrung des lyrischen Ichs****, indem du ...* | | |
| | *– an den ersten Eindruck anknüpfst.* | *2* | |
| | *– dich auf deine Analyse beziehst.* | *3* | |
| | *– eine Bewertung vor dem Hintergrund deiner eigenen Stadt- oder Landerfahrungen abgibst.* | *2* | |
| | | *= 55* | |
| Darstellungsleistung | *... stellst alles* ***geordnet*** *und* ***übersichtlich*** *dar und machst dabei gliedernde Abschnitte.* | *3* | |
| | *... verwendest bei der Wiedergabe und Analyse von Textaussagen das* ***Präsens****.* | *2* | |
| | *...* ***wechselst*** *bei der Wiedergabe des Inhalts einleitende Konjunktionen und Partikel ab (nicht immer nur „Dann ... dann").* | *2* | |
| | *...* ***belegst Aussagen durch*** *korrektes und buchstabengetreues* ***Zitieren****.* | *3* | |
| | *...* ***verwendest*** *die korrekten Fachbegriffe (Personifikation, Strophe, Kreuzreim usw.).* | *2* | |
| | *... verwendest durchgängig* ***Standardsprache*** *und keine Umgangssprache (wie „total", „krass", „super" u. a.).* | *2* | |
| | *... konstruierst Sätze abwechslungsreich, indem du verschiedene Verknüpfungen mit* ***Konjunktionen*** *wie „indem", „sodass", „wohingegen" usw. und Adverbien wie „einerseits – andererseits", „somit" usw. verwendest.* | *2* | |
| | | *= 16* | |
| | *Gesamtpunktzahl* | *= 71* | |

# ▷S. 58 „Einen Hamburger, bitte!“ – Informationen entnehmen, in Beziehung setzen, bewerten

## ▷S. 59 A Die Aufgabe verstehen

**1** *Folgende Verben sollten unterstrichen sein:*
- *Fasse … kurz zusammen.*
- *Vergleiche die Informationen und benenne die widersprüchlichen Auffassungen …*
- *Setze dich in einem kurzen Brief … mit der Ansicht auseinander, …*

▷S. 60 **2** *Folgende Aussagen sind richtig: b, c und d.*

**3** *b*

## ▷S. 60 B Erstes Textverständnis

**1** *Der zentrale Begriff ist „Hamburger“ (in verschiedenen Aussprachen).*

**2** *Die Aussage b ist sicher falsch.*

**3**+**4** *Widersprüche sind jeweils **kursiv**,* fett *und einfach oder doppelt unterstrichen markiert:*

| Wort (bestandteile) | Was viele Amerikaner darunter verstehen | Eigentliche Bedeutung |
|---|---|---|
| *Ham* | – ***Schinken vom*** **Schwein (ham)** | – ***befestigtes Dorf, das im 9. Jh. auf dem heutigen Stadtgebiet Hamburgs lag.*** *Daher der ursprüngliche Name Hammaburg.* |
| *Burger* | – *ein mit verschiedenen Lebensmitteln belegtes und erhitztes weiches Brötchen* | – *Bewohner und Verteidiger einer Burg (einer auf einem Berg liegenden Befestigung)* |
| *Hamburger* | – *ein mit klein gehacktem* Rindfleisch *und Beilagen belegtes und erhitztes weiches Brötchen* | – *Bewohner Hamburgs* |

▷S. 61 **5** ***Der Begriff** „Hamburger“ **stellt sich als problematisch heraus, denn** viele kennen die sprachgeschichtlichen Hintergründe dieses zusammengesetzten Wortes nicht und ordnen den Wortbestandteilen unterschiedliche Bedeutungen zu.*

## ▷S. 61 C Übungen

**1** *Eine Lösung dieser Aufgabe ist Bestandteil der Musterlösung auf S. 23 in diesem Lösungsheft. Schau in diese Musterlösung allerdings erst dann hinein, wenn du dich mit der Aufgabe gründlich auseinandergesetzt hast.*

▷S. 62 **2** *Mögliche Lösung:*
*Material 1: Zitat: „Die Bezeichnung **‚Hamburger‘** stammt ursprünglich aus den USA“.*
*„Ein **‚Cheeseburger‘** enthält zudem eine Scheibe Schmelzkäse“.*
*Material 2: Zitat: „Hervorgegangen aus einem englischsprachigen Missverständnis des Wortes Hamburger …“*
*„…wobei man sich unter engl. **ham** Schinken vorstellte“*
*„… und unter **börger** weiß der Himmel was“*

**3** *Mögliche Lösung:*
*1. Tatsache: „Hamburger“ wurden nicht in Norddeutschland erfunden (M2, M4) und nach Amerika exportiert. Der Begriff „Hamburger“ ist nicht amerikanischen, sondern deutschen Ursprungs.*
*2. Tatsache: Die Silbe „ham“ hat nichts mit Schinken zu tun, sondern geht auf den altsächsischen Ortsnamen „Hamm“ zurück, aus dem sich später der Ortsname „Hamburg“ entwickelte.*
*3. Tatsache: Dass „hamburger“ nichts mit „ham = Schinken“ zu tun hat, ergibt sich schon daraus, dass mit „ham“ Schweineschinken gemeint ist, während „hamburger“ Rindfleisch enthalten.*
*4. Tatsache: Die Bezeichnung „Burger“ war ursprünglich kein Wort für ein Fastfood-Gericht, sondern in Deutschland die Bezeichnung für den Bewohner einer Burg.*

**4**+**5** *Mögliche Lösung vgl. Musterlösung auf S. 23 in diesem Lösungsheft. Schau in diese Musterlösung erst dann hinein, wenn du dich mit der Aufgabe gründlich auseinandergesetzt hast.*

## ▷S. 63 D Den Schreibplan erstellen

**1** *a) Einleitung: **Angaben zu** dem Thema der Texte, ihren Autoren bzw. Quellen sowie Nennung der Titel*

*b) Hauptteil: Vorstellung der Texte, indem die Textsorten benannt und ihre Inhalte knapp wiedergegeben werden; Gegenüberstellung widersprüchlicher Auffassungen des Wortes „Hamburger" bzw. seiner Bestandteile.*

2 *Siehe Musterlösung.*

3 1. Aufsatz:

**„Einen Burger, bitte!"**
**Was alles unter einem Hamburger verstanden wird**

„Drei Hamburger, bitte!" Wenn man bei McDonald's oder anderswo diese Bestellung aufgibt, scheinen alle genau zu wissen, was das Wort bedeutet. Aber ist das tatsächlich so? Der Begriff „Hamburger" stellt sich bei genauerer Betrachtung insofern als problematisch heraus, als dass viele die sprachgeschichtlichen Hintergründe dieses zusammengesetzten Wortes offensichtlich nicht kennen und daher den Wortbestandteilen sehr unterschiedliche Bedeutungen zuordnen. Besonders ein Amerikaner ordnet das Wort „hamburger" wohl ganz anders ein als ein waschechter Hamburger, der die Spezialitäten seiner Stadt kennt. Zu diesem Schluss kommt man jedenfalls, wenn man sich über diesen schillernden Begriff informiert.
Das digitale Lexikon „Encarta" der amerikanischen Firma Microsoft (M1) enthält die Angabe, dass das Wort „Hamburger" eine „flache Frikadelle aus Rindfleisch in einem aufgeschnittenen Brötchen" bezeichne. Außerdem wird in dem Text behauptet, dass die Bezeichnung für diese Fastfood-Spezialität aus den USA stamme.
In dem Sachbuch „Woher kommt das schwarze Schaf?" von Wolfgang Seidel (M2) findet man dagegen die Information, dass das Wort „Hamburger" im englischsprachigen Raum missverstanden worden sei. Fälschlicherweise habe man sich unter einem Hamburger nicht eine Spezialität aus der deutschen Stadt Hamburg, sondern einen Snack mit Schinken (engl. ham) vorgestellt und den Wortbestandteil „burger" habe man von Anfang an gar nicht verstanden.
Das „Deutsche Universalwörterbuch" aus dem Dudenverlag (M3) weist darauf hin, dass „Hamburger" die Kurzform für ein „Hamburger Steak" sei und dass es sich dabei um eine heiße Frikadelle handele, die zwischen den getoasteten Hälften eines Brötchens serviert werde.
Das vorgelegte Flussdiagramm zur Geschichte des Wortes „Hamburger" (M4) weist nach, dass das Wort „Hamburger" eine sehr lange Wortgeschichte hat, die bis weit vor die Entdeckung Amerikas zurückreicht. Das Diagramm macht darauf aufmerksam, dass sich die Ortsbezeichnung „Hamburger" aus zwei Wortbestandteilen gebildet habe: Dabei sei „Hamm" ursprünglich der Name eines altsächsischen Dorfs gewesen und „Burger/Bürger" die Bezeichnung für einen Burgbewohner. Im weiteren Verlauf des Diagramms wird erklärt, dass das „Hamburger Hackfleischstück" mit Auswanderern nach Amerika gelangt sei und dass es als Fastfood-„Hamburger" wieder nach Deutschland zurückgekommen sei.

Aus den Materialien ergibt sich, dass die Begriffsbestimmung des Wortes „Hamburger" diesseits und jenseits des Atlantiks z. T. widersprüchlich ist:
- Während in Amerika sogar weit verbreitete Lexika davon ausgehen, dass das Wort „Hamburger" ebenso wie das Fastfood, das damit gemeint ist, in den USA entstanden sei, weisen Sachkundige in Deutschland darauf hin, dass das Wort hiesigen Ursprungs ist.
- Amerikaner denken beim „Hamburger" zunächst ans Essen, z. B. bei McDonald's. Bewohner Deutschlands wissen dagegen, dass die ursprüngliche Bedeutung des Wortes eine andere ist: Hamburger bezeichnet einen Bewohner der Stadt Hamburg.
- Einerseits denken englischsprachige Nutzer des Wortes „Hamburger" beim ersten Wortbestandteil an „ham" (= Schweineschinken), obwohl ein Hamburger doch Rindfleisch enthält; andererseits haben die Sprachforscher in Deutschland nachgewiesen, dass „Ham" auf die altsächsische Ortsbezeichnung „Hamm" zurückgeht.
- Ein weiterer Widerspruch ergibt sich bei der Verwendung des zweiten Wortbestandteils „burger". Während Amerikaner darin ein Fastfood im Brötchenmantel verstehen (u. a. *cheeseburger*), ist ein Burger (neuhochdeutsch: Bürger) ursprünglich ein Bewohner einer Burg gewesen.

Als Fazit ergibt sich, dass sich die Bedeutung von Wörtern auf interessante Weise verändern kann, wenn diese auf Wanderschaft durch die Welt gehen.

2. Brief an einen amerikanischen Austauschschüler:

Lieber Jack,
wenn du mit deinen Freunden zu McDonald's oder Burger King gehst, hast du bestimmt eine ziemlich genaue Vorstellung davon, was *„hamburger"* sind und wie das Wort entstanden ist.
Viele Amerikaner scheinen einen Hamburger für eine amerikanische Erfindung und die Wörter „Ham" und „Burger" ebenfalls für uramerikanisch zu halten. Was ihr euch da vorstellt, ist jedoch nicht haltbar; denn wir haben hier eine große Stadt, die Hamburg heißt, und dort hat alles angefangen.
Ihr denkt vermutlich bei „ham" als Erstes an Schinken. Aber dieser Schinken kommt vom Schwein; und im *„hamburger"* steckt doch Rindfleisch. Mit eurem amerikanischen „ham" kann der *„hamburger"* also gar nichts zu tun haben. Lange vor der Entdeckung Amerikas gab es auf dem Stadtgebiet des heutigen Hamburg bereits ein Dorf mit dem Namen „Hammaburg", abgeleitet von der Bezeichnung „Hamm". Von dort kommt das Wort „ham"; es ist also viele Hundert Jahre älter als die USA.

Und wenn ihr meint, das Wort „burger" sei von einem Fastfood-Typ aus eurem Land abgeleitet worden, so stimmt das leider auch nicht. „Burger" waren bei uns im Mittelalter Leute, die eine Burg, ein „castle", verteidigten; und solche Leute gab es auch im alten Hamburg. Auswanderer aus diesem Hamburg haben euch den „Hamburger" mit nach Amerika gebracht. Was man heute bei McDonald's oder Burger King isst, ist also eigentlich Einwanderer-Food.
Allerdings habt ihr noch ein paar Zutaten hinzugefügt. Und auch bei uns essen das viele Leute immer wieder gern.
Bis bald, dein Leo!

## ▹S. 63 E Den eigenen Text überarbeiten

### Punkteraster zur Selbsteinschätzung (Bewertung vgl. S. 15 in diesem Lösungsheft)

| Aufsatz | Anforderung: Du ... | Punkte (max.) | deine Punkte |
|---|---|---|---|
| Einleitung | *... formulierst einen **Einleitungssatz**, in dem du das **Thema der Texte**, ihre **Autoren** bzw. **Quellen** sowie die **Titel** nennst.* | *4* | |
| Hauptteil | *... **benennst** die **Textsorten**, die dir vorgelegt worden sind:* | *2* | |
| | *→ gibst den **Inhalt** der vier Texte nacheinander knapp und genau wieder.* | *14* | |
| | *→ **stellst** widersprüchliche **Auffassungen** des Wortes „Hamburger", die sich in den Texten finden, jeweils einander **gegenüber**.* | *12* | |
| Brief | *... formulierst einen **Brief**, indem du ...* | *1* | |
| | *– eine für den Empfänger des Briefes passende **Anrede** wählst.* | *3* | |
| | *– den Empfänger des Briefes **einleitend an das Thema**, das du darstellen möchtest, auf interessante Weise **heranführst**.* | *16* | |
| | *– **irrtümliche Auffassungen** von dem Wort „Hambuger" in brief- und altersgemäßer Weise aufgreifst und richtigstellst.* | *2* | |
| | *– eine passende (evtl. pointierte) **Schlussbemerkung** findest* | | |
| | *– den Brief formgerecht mit einem Gruß abschließt.* | *1* | |
| | | *= 55* | |
| Darstellungsleistung | *... stellst in deinem Aufsatz und in dem Brief alles **geordnet** und **übersichtlich** dar und machst dabei **gliedernde Abschnitte**.* | *3* | |
| | *... verwendest in deinem Aufsatz bei der Wiedergabe und Analyse von Textaussagen das **Präsens**.* | *2* | |
| | *... **wechselst** bei der Wiedergabe des Inhalts die **Verben** (nicht immer nur „Der Autor sagt ...").* | *2* | |
| | *... belegst Aussagen durch buchstabengetreues **Zitieren**.* | *2* | |
| | *... verwendest in deinem Aufsatz den **Konjunktiv der indirekten Rede** korrekt, um Äußerungen der Autoren wiederzugeben.* | *2* | |
| | *... verwendest in deinem Aufsatz durchgängig **Standardsprache** und keine Umgangssprache.* | *1* | |
| | *... machst **gedankliche Zusammenhänge** klar, indem du einleitend jeweils entsprechende Redewendungen („Andererseits macht der vierte Text klar, dass ..") verwendest.* | *2* | |
| | *... konstruierst Sätze abwechslungsreich, indem du verschiedene Verknüpfungen mit **Konjunktionen** wie „weil", „sodass", „obwohl", „wenn", „auch wenn" und Adverbien wie „folglich", „daher" usw. verwendest.* | *2* | |
| | | *= 16* | |
| | *Gesamtpunktzahl* | *= 71* | |

# ▷ S. 64 Verhungert für die Schönheit: Darf Mode alles? – Informationen entnehmen, in Beziehung setzen, bewerten

## ▷ S. 66 A Die Aufgabe verstehen

**1** *Folgende Schlüsselbegriffe sollten markiert sein:*
*1. Ermittle … die wesentlichen Informationen zu Entwicklungen rund um die Modeindustrie und stelle sie … kurz zusammenfassend dar.*
*2. Setze zentrale Aussagen aus (M1) und … (M2) in Bezug zu … der Entwicklung der natürlichen Körpergrößen (M3).*
*3. Nimm Stellung …, ob und wie man diesen Entwicklungen entgegenwirken sollte. Beziehe … Erfahrungen aus deinem Umfeld … mit ein.*

**2** *Sinnvoll sind die Arbeitsschritte a, b, d, g und h.*

## ▷ S. 66 B Erstes Textverständnis

**1** *Folgende Schlüsselbegriffe in M1 könntest du markiert haben (Randnotizen doppelt unterstrichen):*
***Size Zero** – Damenkonfektionsgröße Null im US-amerikanischen Katalog-Größensystem (D: Größe 32); 2006 aufgekommene Bezeichnung/nach kontinuierlich verminderter Kalorienzufuhr/Maße entsprechen/durchschnittlich entwickelten zwölfjährigen Mädchens. In der Modewelt/heftig diskutiert/„Fashion Week"/fünf untergewichtige Mannequins/ausschlossen. Zudem erlagen/zwei Fotomodels dem S.-Z.-Wahn/monatelang nur von Äpfeln/Tomaten/Salat und Coke Zero/Medikamentenmissbrauch/Nebenwirkungen/starkem Gewichtsverlust.*

**2**
*a)* *Unter dem Begriff „Size Zero"* versteht man die Damenkonfektionsgröße Null, sie entspricht der Größe 32 in Deutschland.
*b)* Normalerweise passt diese Größe einem durchschnittlich entwickelten 12-jährigen Mädchen.
*c)* Da diese Größe für eine gesunde junge Frau extremes Untergewicht bedeutet, kann sie nur durch massives Hungern oder Medikamentenmissbrauch erreicht werden. Die extreme Mangelernährung ist schädlich und hat der Modebranche 2006 zwei Todesopfer beschert.
*d)* Hier gibt es mehrere Möglichkeiten, z. B.: Ich finde schlanke Menschen zwar auch hübscher als dicke Menschen, finde es aber nicht mehr schön, wenn jemand nur noch aus Haut und Knochen besteht – das sieht einfach krank aus. So richtig verstehe ich nicht, was in solchen Menschen vorgeht, dafür esse ich viel zu gern.

▷ S. 67 **3**
*a) Die Zwischenüberschriften heißen der Reihenfolge nach: 1. Das Ende einer Modelkarriere – 2. Das Jahr der Opfer – 3. Der erste Erfolg: … – 4. Ana ist kein Einzelfall – 5. Willkür in der Modebranche – 6. Darf Mode wirklich alles?*
*b) Folgende Schlüsselbegriffe sind wichtig:*
***(1)** Karriere des Fotomodells Ana Carolina Reston endete am 14. November 2006 …/Totenschein/Alter: 21 Jahre. Größe: 1,74 Meter. Gewicht: 40 Kilo./Gesicht perfekt, … tolle Ausstrahlung*
***(2)** 2006/Jahr der Magermodels/Im August starb das 22-jährige Model Luisel Ramos aus Uruguay während einer Modenschau/Herzinfarkt/Modewoche in Madrid/Laufstegverbot für zu schmale Models./(BMI) von unter 18 von Modenschauen/verbannen*
***(3)** Models sind Idole in Brasilien/bis zu einer Million Bewerberinnen/Hoffnung auf den schnellen sozialen Aufstieg/ersten Job, einem Werbespot für Coca-Cola/direkt nach dem Unterricht noch in Schuluniform*
***(4)** Risiken … um Standards zu entsprechen/Psychologe/seit zwölf Jahren/Essstörungen bekämpfen/Ana Carolina kein Einzelfall/kein brasilianisches Phänomen/Idealgewicht/weltweit immer mehr von einem gesunden Gewicht entfernt*
***(5)** Branche setzt sich … über biologische Grenzen hinweg/ein Prozent … kann die verlangten Standards erreichen, ohne krank zu werden/Willkür/zwei Castings am Tag/unterschiedliche Meinungen/rüdem Ton/Kunstwerke, die sie an Wesen inszenieren*
***(6)** weit verbreitete Magersucht/Model-Industrie nicht verantwortlich/andere Auslöser/Mütter/Töchter schon mit 13 auf Diät/Selbstquälerei/italienische Regierung/nur noch gesunde und wohlgenährte Models arbeiten lassen/Vorsitzende der Pariser Modekammer/Geschmäcker nicht reglementieren/Chef der Londoner Modewoche/künstlerische Freiheit/körperlichen Ruin/nicht nur Models/Schlankheitswahn/fast 18 Prozent der Mädchen zwischen 11 und 15 untergewichtig/handeln?*
*c) Die Abschnitte lassen sich wie folgt zusammenfassen:*
*1. – Das brasilianische Model Ana Carolina Reston stirbt an Unterernährung (mehrfaches Organversagen).*
*– Ihr Agent empfand sie als perfekt, vor ihr lag eine glänzende Karriere.*
*2. – 2006 kam es zu einer Reduktion der Maße, die einige Models durch starkes Hungern mit dem Tod bezahlten.*
*– Reaktion: Laufstegverbot für zu schmale Models (Madrid); Idee: BMI von 18 als Mindestmaß für Modenschauen*
*3. – Brasilien: Models sind Idole, da sie schnell sozial aufsteigen und viel Geld verdienen (Ausstieg aus der Armut).*
*4. – Ein Psychologe bestätigt, dass Essstörungen bei Models aller Nationen ein Problem seien.*
*5. – Nur ein Prozent aller Mädchen wird nicht krank bei dem Versuch, sich auf die Standards herunterzuhungern.*
*– Designer sehen ihre Kleider als Kunst und sind nicht bereit, biologischen Grenzen zu akzeptieren.*
*6. – Die Modeindustrie weist die Mitverantwortung an den Essstörungen – auch jenseits der Laufstege – zurück.*

**4** a) *Richtig sind die Aussagen 4 und 5.*
b) *Folgende Korrekturen sind denkbar:*

| | Aussage | Korrekturvorschlag |
|---|---|---|
| 1 | *Die Körpergröße der Mädchen hat zwischen 1983 bis 1999 kontinuierlich abgenommen.* | Das Gegenteil ist der Fall: Die Körpergröße hat stetig zugenommen. |
| 2 | *Der Brust- und der Taillenumfang sind zwischen 1972 und 1999 gleich geblieben.* | Brust- und Taillenumfang haben in der Zeit zugenommen. |
| 3 | *Der Hüftumfang hat in elf Jahren (1983–1994) stärker zugenommen als in den folgenden fünf Jahren (1994–1999).* | Der Hüftumfang hat in den fünf Jahren stärker zugenommen als vorher in elf Jahren. |
| 6 | *Die Taille ist von 1983 bis 1999 etwa 5 cm schmaler geworden.* | Die Taille ist um etwa 5 cm breiter geworden. |
| 7 | *Die Frauen sind im Laufe der Jahre nicht größer geworden.* | Frauen sind deutlich größer geworden (4 cm). |
| 8 | *Der Brustumfang hat in elf Jahren stärker zugenommen als in den fünf Jahren von 1994 von 1999, nämlich mehr als 3 cm.* | Er hat weniger als 3 cm zugenommen, nämlich nur 1,7 cm. |

▷ S. 68
## C Übungen

**1** *Durchschnittlich haben alle Messwerte im Laufe der Jahre zugenommen. Frauen sind heute größer und breiter als früher.*

**2** *Die Lösungen lauten in der Reihenfolge des Textes: durchschnittlichen Körpermaße – 1999 – drei – 1994 – 11 Jahre – fünf – Taille – Körpergröße – größer – schwerer – 4 cm – 5,1 cm – 99,7 cm – 98,8 cm*

**3** *Folgende Aussagen gehören zu folgenden Materialien:*
*M1: a, d, e, f, g* *M2: a, b, d , e, f ,g* *M3: b, f*
*Achtung: Aussage h) lässt sich so aus keinem Material entnehmen! Bisher gibt es in den Regierungen nur die Idee, aber noch keine Maßnahmen – und schon gar nicht durch die Modeindustrie.*

▷ S. 69 **4** *So könnte deine Mind-Map aussehen:*

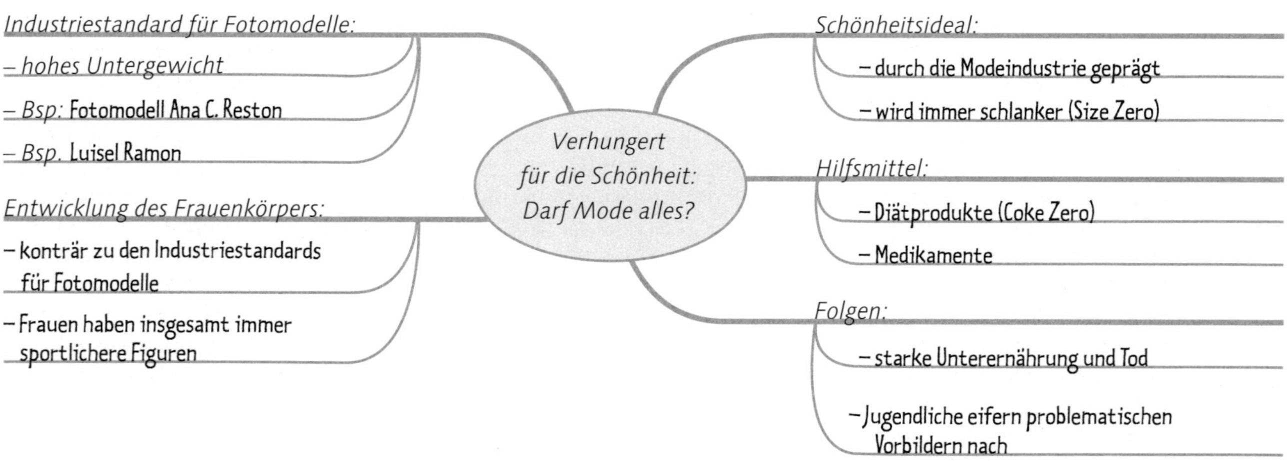


**5**

| leichter / direkt beeinflussbar | schwerer / nur indirekt beeinflussbar |
|---|---|
| – Mindeststandards setzen (gesunder BMI) | – Freiheit der Designer bei Entwürfen |
| – Laufstegverbot von unterernährten Models | – Vorstellung von Kleidern als Kunstwerke |
| – Klagen bei Verstößen (z. B. gegen Agenturen) | – Schönheitsideal aller Menschen |
| – Gesundheitsaufklärung für Jugendliche / Models | – Kleidergrößen im Handel |

**6** a) *Folgende Lösung ist vermutlich erfolgreich: a.*
b) *Begründung: b und d würden eine Diskriminierung bedeuten. Solange das Schönheitsideal so dürr ist, wird niemand mit normalgewichtigen Frauen werben. Verbote (Lösung c) wirken schon bei Drogen und beim Doping nicht (Tour de France!).*

**7** *Weitere denkbare Maßnahmen wären: Mindest-BMI für den Laufsteg, Kampagnen mit beliebten normalgewichtigen Stars, Aufklärung über gesundheitliche Folgen des Hungerns (auch langfristige); begleitende Ärzte, die die Models betreuen usw.*

▹S. 70 **8** *Einige denkbare Beispielsätze sind:*
1) ***Wenn** Modedesigner ihr Schönheitsideal ändern, haben Fotomodelle eine Chance, dem Schlankheitswahn zu entkommen.*
2) *Es könnte für stark untergewichtige Models ein Laufstegverbot geben, **sodass** ein Mindest-BMI sich als Norm durchsetzt.*
3) ***Solange** Diäten als schick und Essstörungen nicht als krank gelten, wird das Normalgewicht als zu dick angesehen.*
4) ***Da** Fotomodelle für Jugendliche oft Vorbilder sind, sollten sie sich in Zukunft einem Gesundheitstest unterziehen.*
5) *Die Veranstalter der „Fashion Week" könnten für einen Mode-TÜV werben, **sodass** sich die Entwicklungen, wie sie an dem Phänomen Size Zero deutlich werden, nicht noch weiter verschärfen.*
6) ***Obwohl** Werbung nur ein Teil des Problems ist, sollte man auch hier dafür sorgen, dass die heutigen Körpermaße mit positiven Bildern verknüpft werden.*

▹S. 70

## D Den Schreibplan erstellen

**1** *a) + b) Folgende Punkte gehören zueinander (mit jeweils möglichen Zwischenüberschriften):*

| | | |
|---|---|---|
| *Einleitung:* | *1. Aufgabenstellung und Materialien (d)* | *2. Hauptaussagen der Materialien (f)* |
| *Hauptteil:* | *3. Übereinstimmungen (b)* | *4. Unterschiede (e)* |
| *Schluss:* | *5. Meine Meinung zum Thema (a)* | *6. Schlussfolgerung (c)* |

**2** *Für die Beantwortung der Fragestellung, ob und wie man den jüngsten Entwicklungen in der Modebranche entgegenwirken sollte, stehen drei Materialien zur Verfügung: In M1, dem Magazin der Süddeutschen Zeitung, wird das Phänomen „Size Zero" vorgestellt: Es handelt sich um eine neue Kleidergröße, die in der Modewelt für Aufruhr gesorgt hat, weil sie den natürlichen Körpermaßen nicht entspricht. Die Stern-Reportage „Der Tod eines Models" (M2) von Joachim Rienhardt und Jochen Siemens über das verstorbene brasilianische Model Ana Carolina Reston trägt Hintergrundinformationen zum Thema bei. Die statistischen Daten der Hohensteiner Institute (M3 ) zeigen eine gegenläufige Entwicklung, nämlich die der natürlichen Körpermaße von Frauen zwischen 1983 und 1999.*

▹S. 71 **3** *a) **M1** definiert „Size Zero"; benennt die Folgen dieser Kleidergröße als Standard für Models.*
*__M2__ zeigt an einem Beispiel die Zwänge und Gesundheitsrisiken auf, denen Models weltweit ausgesetzt sind; fragt nach Verantwortlichen und benennt die Folgen für die Gesellschaft (besonders für Jugendliche).*
*__M3__ belegt, dass Frauenkörper sich seit 1983 in die gegenläufige Richtung entwickeln: Körpergröße, Brust-, Hüft- und Taillenumfang sind gestiegen.*

*b) Die beiden Zeitungsartikel geben ähnliche Informationen zu der Fragestellung wieder: Übereinstimmend stellen beide Texte fest, dass das Jahr 2006 in der Modebranche für traurige Rekorde im Wahn um den dürrsten Körper gesorgt hat. Dabei spielten laut Aussage der Texte einerseits Diätprodukte (Coke Zero, vgl. M1) bzw. Hungerkuren, andererseits aber auch bewusster Medikamentenmissbrauch eine entscheidende Rolle. Während im Jahreslexikon hauptsächlich der Trend zu immer kleineren Konfektionsgrößen für erwachsene Frauen dargestellt wird (Size Zero, entspricht Größe 32 in Deutschland), geht die Reportage ausführlicher auf die Hintergründe dieser Entwicklung ein. Sie ergänzt damit das Bild und verdeutlicht, dass Models sich diese Kleidergröße, die den Maßen eines 12-jährigen Mädchenkörpers entspricht, nicht in jedem Fall freiwillig „erhungern" und dabei große Gesundheitsrisiken ausgesetzt sind. Es wird die Frage aufgeworfen, inwieweit Designer, Veranstalter von Modeschauen, Werbe-, Getränke- und Modeindustrie nicht mitverantwortlich sind und alle Beteiligten aufgerufen sind, buchstäblich Maßstäbe zu setzen, damit ein Schönheitsideal entsteht, das mit natürlichen Körpermaßen vereinbar und gesundheitlich zu verantworten ist. Denn M3 belegt anhand von statistischen Daten sehr klar, dass sich die natürlichen Körpermaße – vermutlich ernährungsbedingt – genau entgegengesetzt entwickelt haben. Obwohl also Frauen immer größer und kräftiger werden, sollen sie, um in dem heutigen Schönheitsideal zu entsprechen, immer zierlicher und zerbrechlicher aussehen. Die Folge ist, dass diese biologisch völlig widernatürlichen Maße für die Mehrzahl der Frauen in hohem Maße selbstzerstörerische Formen annehmen müssen.*

**4** *So könnte dein Flussdiagramm aussehen:*

| | |
|---|---|
| *1. überzeugendes Argument<br>+ Beispiele / Erläuterung* | *Diät ist nicht gleich Diät: Biologische Grenzen sollte man nicht ignorieren.<br>Viele Models ernähren sich nur noch von Tomaten, Äpfeln und Salat (M1). Diese Form der Ernährung ist einseitig, führt zu Mangelerscheinungen und schwächt das Immunsystem. Models sollten nicht nur psychologisch, sondern auch gesundheitlich begleitet werden.<br>↓* |
| *2. überzeugenderes Argument<br>+ Beispiele / Erläuterung* | *Extreme Formen der Mangelernährung (wie z. B. Essstörungen) machen ernsthaft krank. Sie führen zu Organversagen (d. h. zum Tod), weil dem Körper lebenswichtige Stoffe aus der Nahrung über Monate vorenthalten werden (M2). Wie in anderen Berufen auch sollte man Models über typische „Risiken" ihres Berufs aufklären, um sie zu schützen; auch unter „normalen" Mädchen kenne ich einige, von denen ich glaube, dass sie magersüchtig sind; auch sie sollten wissen, was sie sich antun – auf Dauer bleibt eben nicht nur die Regel aus.<br>↓* |

| | |
|---|---|
| *3. überzeugendstes Argument + Beispiele/Erläuterung* | *Trend zu Size Zero widerspricht der natürlichen Entwicklung der Frauenkörper und bleibt nicht auf die Modebranche beschränkt; wir alle sind Kunden (und Opfer). Nachdem die Modebranche immer kleinere Größen zum Maß aller Dinge erhebt, die gesunde Frau aber immer größer und schwerer wird, besteht für mich Handlungsbedarf: Der Gesetzgeber muss durch Strafen und klare Verantwortlichkeit Abhilfe schaffen.* ↓ |
| *Fazit (z. B. Appell, Wunsch, Warnung)* | *Ein Schönheitsideal, für das sich junge Menschen körperlich dauerhaft zu Grunde richten, die keine Wahl haben oder die Folgen nicht absehen, ist für mich nicht akzeptabel. Lehrer, Eltern, Stars, Sportler – jeder Einzelne ist gefordert, um dem ein anderes Ideal entgegenzusetzen. Ich wünsche mir viele Ideen, Initiativen und mehr Kritik an den Verantwortlichen.* |

## ▷ S. 71 E Den eigenen Text überarbeiten

## Punkteraster zur Selbsteinschätzung (Bewertung vgl. S. 15 in diesem Lösungsheft)

| | Anforderung: Du ... | Punkte (max.) | deine Punkte |
|---|---|---|---|
| Einleitung | *... formulierst einen **Einleitungssatz**, in dem du ...* | | |
| | *→ die **Fragestellung in eigenen Worten** wiedergibst.* | *1* | |
| | *→ für jedes Material **Autor(en), Titel, Thema und Quelle** benennst.* | *3 x 4* | |
| | *→ auf die **übereinstimmenden bzw. ergänzenden Aussagen der Texte M1 und M2 und die gegenläufigen Daten der Statistik (M3)** eingehst.* | *6* | |
| Mittelteil | *... nennst die **wichtigsten Informationen aus dem Text M1:*** | | |
| | *→ Erläuterung der Definition von „Size Zero" (USA/D)* | *2* | |
| | *→ Auswirkungen auf den Frauenkörper* | *2* | |
| | *→ Folgen des neuen Standards für Models* | *2* | |
| | *... stellst die **wesentlichen Aussagen aus dem Text M2** dar:* | *8* | |
| | *– Schönheitsideal der Modeindustrie ist für 99 % der Frauen ungesund* | | |
| | *– 2006 gab es bereits mehrere Todesopfer* | | |
| | *– „Karrieren" wie die von Ana C. Reston sind keine Einzelfälle* | | |
| | *– Reaktionen der Politik: Laufstegverbote/Überlegungen zum Mindest-BMI* | | |
| | *– Regeln der Branche: Models sind viel Kritik und Willkür ausgesetzt* | | |
| | *– Designer beanspruchen für sich künstlerische Freiheit* | | |
| | *– Modeindustrie und Agenturen fühlen sich nicht verantwortlich* | | |
| | *– zusätzliche Faktoren verstärken den Erfolgsdruck der Models (Armut, ehrgeizige Mütter, psychische Komponenten)* | | |
| | *... **fasst die statistischen Aussagen aus M3 zutreffend zusammen:*** | | |
| | *→ Vergrößerung des Brust-, Taillen- und Hüftumfangs* | *3* | |
| | *→ Zunahme der Körpergröße insgesamt* | *1* | |
| | *... und setzt diese **Entwicklung in Beziehung zu** den **Trends der Modeindustrie.*** | *3* | |
| eigenes Urteil (Argumentation) | *– formulierst **deine eigene Meinung** zur einleitenden Fragestellung.* | *2* | |
| | *– begründest sie aus den Tatsachen durch **drei überzeugende Argumente** (aus Behauptung, Begründung und Beispiel).* | *3 x 3* | |
| | *– beziehst **eigene Erfahrungen** aus deinem Umfeld mit ein.* | *2* | |
| | *– leitest aus deiner Argumentation eine geeignete Schlussfolgerung ab.* | *2* | |
| | | *= 55* | |
| Darstellungsleistung | *... stellst alles **geordnet** und **übersichtlich** dar und nutzt dabei Absätze und **Zwischenüberschriften**.* | *6* | |
| | *... verwendest bei der Wiedergabe und Analyse von Textaussagen das **Präsens**.* | *2* | |
| | *... **wechselst** bei der Inhaltswiedergabe **Verben** ab (nicht nur „Im Text steht ...").* | *2* | |
| | *... **belegst Aussagen durch** buchstabengetreues **Zitieren**.* | *1* | |
| | *... **verwendest** für die Redewiedergabe den **Konjunktiv** korrekt.* | *1* | |
| | *... verwendest durchgängig **Standardsprache** und keine Umgangssprache.* | *1* | |
| | *... machst **gedankliche Zusammenhänge** klar, indem du entsprechende Redewendungen („Einerseits ... andererseits; im Gegensatz dazu ...") verwendest.* | *2* | |
| | *... konstruierst Sätze abwechslungsreich, indem du verschiedene Verknüpfungen mit **Konjunktionen** wie „da", „sodass", „obwohl", „während" usw. verwendest.* | *2* | |
| | | *= 16* | |
| | *Gesamtpunktzahl* | *= 71* | |

# ▹S. 72 „Helden des Alltags" – Für den Lernstandstest trainieren

## ▹S. 72 Mind-Map

**1** *Folgende Äste sind denkbar:*

| Personen | Eigenschaften | Situationen | Verhalten |
|---|---|---|---|
| – Lebensretter | – überzeugt | – Alltag | – greift mutig ein |
| – Sagenfiguren | – bescheiden | – gefährliche Augenblicke | – bewirkt „Wunder" |
| – Piloten, Kapitäne ... | – uneigennützig | – (Natur-)Katastrophen | – lässt sich nicht entmutigen |
| – Kriegshelden | – kritisch | – Unfall | – handelt schnell und besonnen |
| – Revolutionäre | – aufmerksam, sozial | – Krieg, Unterdrückung | – weiß immer Rat |
| – Politiker | – entschlossen | – Not und Elend | – bewährt sich immer und überall |
| – Sportler, Stars | – klug | – Wettkämpfe (Sport) | – bringt sich für andere in Gefahr |
| – Menschen wie du und ich | – furchtlos, tapfer | – Politik | – löst Probleme mit links |

## ▹S. 74 Kurzantworten

**1** *Folgende Begründungen sind hier beispielsweise möglich:*

*a)* Ja, ich stimme der Aussage zu. Ich finde seine Argumente überzeugend, denn es ist auffällig, dass es in allen Kulturen und über alle Zeiten hinweg Helden gibt. Auch dass sie sich so stark ähneln in ihren Eigenschaften, spricht dafür, dass sie für etwas stehen und für Menschen wichtig sind.

*b)* Nein, ich stimme der Aussage nicht zu. Helden stammen aus der Welt der Sagen; sie sind ebenso überliefert wie etwa Märchenfiguren – die es übrigens auch in allen Kulturen bis heute gibt. Für uns ist ein Held, wer bestimmte Eigenschaften hat. Das ist Tradition und hat mit Bedürfnissen nichts zu tun.

## ▹S. 75 Multiple-Choice-Aufgaben

**1** *d)*

**2** *c)*

## ▹S. 75 Richtig-Falsch-Aufgaben

**1** *Folgende Aussagen treffen zu: a und d.*

**2** *Folgende Aussagen treffen zu: a und c.*

## ▹S. 76 Zuordnungsaufgaben

**1** *Zusammen gehören: a und 3 — b und 4 — c und 1 — d und 5 — e und 2*

**2** *Zusammen gehören: a und 5 — b und 1 — c und 4 — d und 3 — e und 2*

## ▹S. 77 Einsetzaufgaben

**1** *Die Wörter lauten (in der Reihenfolge des Einsetzens): Tapferkeit – Antike – Ähnlichkeit – Jahrtausende – Stärken – Mut – Eigenschaften – Bedürfnis*

## ▹S. 78 1. Leseverstehen und Reflexion über Sprache

▹S. 79 **1** *Zutreffend sind die Aussagen a und c.*

**2** *Zutreffend sind die Aussagen b und d.*

**3** *c*

**4** *Alle vier Überschriften sind denkbar, da sie jeweils einen eigenen Schwerpunkt setzen: A: stellt einen Bezug zur Sage her; B: gibt das Geschehen sachlich wieder, C: übt spöttisch Kritik am Verhalten des Turners durch das in Anführungszeichen gesetzte Wort „Helden"; D: übt Kritik (ähnlich wie C), an den absurden Formen, die das Heldentum heute annimmt.*

▹S. 80 **5** *b) Zusammen gehören: a und 5 — b und 3 — c und 4 — d und 1 — e und 2*

**6** *Auf das Gedicht treffen die Aussagen b, e, g, h und i zu, auf den Bericht die Aussagen a, b, c, d, f und g.*

▹S. 81 **7** Beispiel 1 (Z. 19–20): Der Turner ist kein Held, denn ein simpler Kopfstand ist keine außergewöhnliche Heldentat.
Beispiel 2 (Z. 25–26:) Bei einer echten Heldentat trauert man um den Helden. Da die Tat aber wenig Heldenhaftes an sich hat, gibt es keinen Grund zur Trauer. Er stirbt also nicht als Held, sondern bestenfalls als sensationeller Dummkopf.

Beispiel 3 (Z. 27–28): Auch hier ist das Gegenteil des Gesagten gemeint: Bei einem simplen Handstand in den Tod zu stürzen, ist einfach ungeschickt. Das Verhalten wird auch sprachlich durch Übertreibung ins Lächerliche gezogen („Augenblick mit zwei gehobenen Beinen", V. 27).
Beispiel 4 (Z. 30–33): Bei einem Helden fragt tatsächlich niemand nach den Hinterbliebenen; sie sind bestenfalls stolz. Nun ist der Turner aber kein Held. Er erfährt durch die waghalsige Aktion zwar viel Aufmerksamkeit (eine Sensation!), wie es bei vielen Extremsportarten der Fall ist (z. B. Apnoe-Tauchen, Klettern auf Zeit usw.), aber beim näheren Betrachten ist diese Form von Sportsgeist verantwortungslos für die Angehörigen (die „nicht wichtig sind", V. 33) und sehr egoistisch.

**8** Die Aussagen halte ich im Wesentlichen für angemessen. Tatsächlich lässt die Ballade den Leser mehrfach schmunzeln (Ironie!), wobei ich den Text deshalb noch nicht als „lustig" bezeichnen würde. Bei allem Spott hat er nämlich gleichzeitig eine kritische, sehr „ernsthafte" Absicht: Kästner will nicht nur auf die Waghalsigkeit und Verantwortungslosigkeit der Tat hinweisen, sondern auch auf das Schicksal der „Überlebenden", das in der Geschichtsschreibung normalerweise keine Rolle spielt. Sein Nachtrag fällt schon dadurch ins Gewicht, dass die letzte Strophe eine Zeile länger ist als alle anderen: Hier spielen die Überlebenden eine Rolle – sie werden zumindest erwähnt.

▹S. 82 **9** *b) D trifft für alle Personen zu (Geschwister Scholl verfügen nicht über besondere Körperkräfte, Superman ist keine Person, bei Michael Schuhmacher sind die höheren Ideale nicht ersichtlich).*
*c) Hier gibt es mehrere Möglichkeiten, z. B.:* Für mich sind am ehesten die Geschwister Scholl wahre Helden, weil sie ihr Leben aufs Spiel gesetzt haben, um Widerstand gegen den Nationalsozialismus zu leisten. Ihr Handeln war mutig und entschlossen und sie haben einen hohen Preis für ihr Engagement gezahlt.

**10** *Die Verbformen in den Sätzen lauten jeweils korrekt im Konjunktiv II: versuchte, überzeugte, rettete, hülfe, käme, förderte, gäbe, griffe … ein; für die Hilfskonstruktion gilt „würde" mit Infinitiv* (Ich würde versuchen, überzeugen ...).

▹S. 83 **11** *Der Text muss heißen:*

Wenn ich ein Held wäre, hätte ich übermenschliche Kräfte. Damit würde ich voller **Enthusiasmus** versuchen, den vielen armen Menschen auf der Welt ein besseres Leben zu ermöglichen. Ich ginge z. B. für längere Zeit nach Afrika, um dort für bessere **hygienische** Bedingungen und ein gutes Schulsystem zu sorgen. Das **Wichtigste** wäre aber, **dass** alle Menschen genug zu essen haben. Dafür würde ich an die reichen Länder der Welt **appellieren**, etwas von ihrem Geld abzugeben. Ich selbst gäbe auch die **Hälfte** meines Geldes ab. Wenn nicht alle nur den eigenen **Profit** im Auge hätten, nicht immer nur **konsumierten**, sondern auch abgeben würden, würde das viele vor dem **Verhungern** retten. Wenn ich dann aus Afrika zurückkäme, würde ich den **Übrigen** helfen. So einfach ist das!

**12** *Folgende Aussagen treffen zu: a) und c)*

## ▹S. 84 2. Zuhören und Verarbeiten

**2** *Folgende Ereignisse haben sich ereignet: a) und c)*

**3** *Folgende Aussagen treffen zu: a), b) und c)*

▹S. 85 **4** *b) Hier kannst du dich jeder Lösung anschließen, es kommt darauf an, was für dich „heldenhaftes Verhalten" ist. Für Diana spricht, dass das Öffnen der Tür zu einer brennenden Wohnung tatsächlich nicht ganz ungefährlich war; mit einer leichten Rauchvergiftung sind die Retter noch gut weggekommen. Für Alexander spricht, dass nicht jeder den Mut gehabt hätte, so rasch und entschlossen zu handeln. Für Steffis Haltung spricht, dass sich die Retter tatsächlich geschützt haben, so weit es ihnen möglich war, denn sie sind nicht in die Wohnung gegangen, sondern haben nur gerufen und gewartet.*

**5** *a) Folgende Aussagen sind richtig: a, c, d und f.*
*b) Die Rangfolge heißt bei Frauen: 1. Orientierung/Inspiration (34 %), 3. Mut schöpfen (12,6 %), 4. Nacheifern (10,7 %) und bei Männern: 1. Inspiration (26,4 %), 2. Orientierung (24,4 %), 3. Mut schöpfen (15,3 %), 4. Nacheifern (8,8 %).*

## ▹S. 86 3. Schreiben

**2** *Nach den Kriterien der SV zu urteilen, passen am ehesten das erste und zweite Zitat.*
*Folgende Begründungen sind denkbar:*

| Zitat | kurz und einprägsam? | verständlich für alle Jahrgänge? | passend zum Schwerpunkt? | Teil des Alltags? |
|---|---|---|---|---|
| *1* | *in Ordnung* | *für alle verständlich* | *teilweise; es geht darum, was man geschehen lässt, d. h. dass man eben nicht eingreift; das ist nicht vorbildlich, aber leider Alltag* | *Ja, wir alle lassen Dinge geschehen, schauen weg, weil wir uns nicht verantwortlich fühlen!* |

| | | | | |
|---|---|---|---|---|
| 2 | *kurz, aber abstrakter (man muss „um die Ecke denken")* | *für die Jüngeren vielleicht zu wenig konkret bzw. zu abstrakt: Was ist „Das Böse"? Was bedeutet „das Schweigen" hier? Was sind die Folgen vom „Schweigen der Mehrheit"?* | *Ja, denn, Mitläufertum und tatenloses Zusehen sind das Gegenteil von couragiertem Handeln oder vorbildlichem Verhalten. Hierin steckt die Kritik, die Aufforderung.* | *„Das Böse" ist eher selten im Alltag von Kindern und Jugendlichen, hier geht es mehr um Konflikte und fehlenden Mut zum Handeln.* |
| 3 | *im Vergleich zu lang, vielleicht am schwersten verständlich* | *Um das Zitat zu verstehen, muss man wissen, dass couragiertes Auftreten verhindert, dass Einzelne zu viel Macht bekommen. Wenn sie erst so viel Macht haben, können nur wahre Helden sie wieder stürzen können.* | *Nur bedingt, denn es geht um die gesamte Gesellschaft* ***(Je mehr Bürger … ein Land hat*** *…). Man könnte natürlich die Schule als eine Gesellschaft verstehen, in der wir alle Bürger sind.* | *teilweise, denn natürlich kommt es jeden Tag darauf an, Zivilcourage zu zeigen, wenn es nötig ist, um solche Entwicklungen zu verhindern* |

> S. 87

## 4. Texte überarbeiten

**1** *S. u., Lösung zu Aufgabe 3*

**2**

| | |
|---|---|
| *…(11) Viele Gedichte handeln über Menschen, die nicht selbst denken, aber viel* | Bz / Gr / Ausdruck / |
| *daherreden, aber nichts tun, hierum geht es auch in dem Zitat. (12) Die Schwätzer* | Wdh. / Ausdruck |
| *sollten einfach mal die Klappe halten und zupacken. (13) Das ist nämlich nicht so* | Ausdruck |
| *einfach wie rumlabern. (14) Das gibt es bei uns ja auch jeden Tag, z. B. hier an der Schule.* | Ausdruck / Wdh. |
| *(15) Dass er mit eigenem Beispiel vorangeht, da können wir uns mal eine Scheibe* | Gr / Ausdruck |
| *abschneiden. (16) (Und) wenn keiner was macht – das wird dann eben nicht besser! …* | Ausdruck / Sb |

*3.*

**3**

| | |
|---|---|
| *…(17) Das Zitat ist einfach, knackig und auch für die Kiddies in der fünften Klas-* | Ausdruck (2x) |
| *se verständlich. (18) Das finde ich gut, weil das geht alle an. (19) Vielleicht tut sich* | Sb / Ausdruck |
| *hier echt mal was, wenn wir eine Projektwoche machen und die unter so ein Motto* | Ausdruck / Bz |
| *stellen wie das von Erich Kästner. (20) Obwohl es wäre gut, wenn wir auch sonst* | Sb / Bz |
| *so handeln, das wäre nämlich ein klasse Schulmotto für jeden Tag.* | Ausdruck |

*Der überarbeitete Text könnte lauten:*

Es ist immer gut, eine Projektwoche unter ein Motto zu stellen. Ein Zitat von einer Person auszusuchen, die jeder kennt, gefällt mir noch besser. Erich Kästner ist ein bekannter und beliebter Schriftsteller. Da unsere Schule nach ihm benannt ist, sollten wir ihn alle kennen. Viele haben vermutlich seine Kinderbücher gelesen, die ihn nicht nur in Deutschland, sondern auf der ganzen Welt berühmt gemacht haben. Kästner schlage ich auch darum vor, weil er selbst für das Gute in seinen Texten eintritt: Er hat immerhin so deutlich an den Nationalsozialisten Kritik geübt, dass seine Bücher verbrannt wurden und er nicht mehr veröffentlichen durfte. Trotzdem ist er in Deutschland geblieben und hat weiter geschrieben. Viele Texte handeln von Menschen, die nicht selbstständig denken, viel reden, aber nicht handeln, und darum geht es auch in dem Zitat. Sich zu engagieren, erfordert mehr als „große Sprüche zu klopfen". Dass viel geredet, aber wenig gehandelt wird, erlebt man bei uns auch jeden Tag an (in)der Schule. Wir sollten uns an Erich Kästner ein Beispiel nehmen, er engagiert sich. Aber wenn niemand etwas unternimmt – wird eben auch nichts besser! Das Zitat ist einfach, prägnant und auch für die Jüngeren in der fünften Klasse verständlich. Das finde ich gut, denn das Motto soll alle ansprechen. Vielleicht verändert sich hier wirklich etwas, wenn wir eine Projektwoche unter so ein Motto stellen, wie Erich Kästner es formuliert hat. Obwohl es noch besser wäre, wenn wir (auch) sonst danach handeln, dann wäre es nämlich ein erstklassiges Schulmotto für jeden Tag.

| Nr. | Aufgabenstellung / Lösung | max. Punkte | deine Punkte |
|---|---|---|---|
| | ***1. Leseverstehen und Reflexion über Sprache (ab S. 78)*** | | |
| 1 | *0,5 Punkte für jedes richtig gesetzte Kreuz.* | 2 | |
| 2 | *0,5 Punkte für jedes richtig gesetzte Kreuz.* | 2 | |
| 3 | *1 Punkt für das richtig gesetzte Kreuz.* | 1 | |
| 4 | *2 Punkte für die Begründung.* | 2 | |
| 5 b) | *0,5 Punkte für jede richtig markierte Verbindungslinie.* | 2,5 | |
| 6 | *0,5 Punkte für jedes richtig gesetzte Kreuz pro Spalte.* | 5 | |
| 7 | *0,5 Punkte pro Textstelle und Begründung.* | 3 | |
| 8 b) | *Je 2 Punkte für Bewertung und Begründung, 2 weitere Punkte für Ergänzungen.* | 6 | |

> S. 78

| Nr. | Aufgabenstellung / Lösung | max. Punkte | deine Punkte |
|---|---|---|---|
| 9 b) | *0,5 Punkte für jedes richtige Kreuz.* | *2* | |
| 9 c) | *3 Punkte für eine sinnvolle Begründung, die auf alle drei Beispiele Bezug nimmt.* | *3* | |
| 10 | *0,5 Punkte für jeden Satz mit korrekt gebildeter Verbform.* | *4* | |
| 11 | *0,5 Punkte für jeden erkannten Fehler, 0,5, Punkte für jede richtige Korrektur.* | *10* | |
| 12 | *0,5 Punkte für jedes richtig gesetzte Kreuz.* | *2* | |
| | ***Gesamt:*** | ***= 44,5*** | |
| ▷ S. 84 | ***2. Zuhören und Verarbeiten (ab S. 84)*** | | |
| 2 | *0,5 Punkte für jedes richtig gesetzte Kreuz.* | *2* | |
| 3 | *0,5 Punkte für jedes richtig gesetzte Kreuz.* | *2* | |
| 4 b) | *3 Punkte für eine Begründung, die auf alle drei Beispiele Bezug nimmt.* | *3* | |
| 5 a) | *0,5 Punkt für jedes richtig gesetzte Kreuz.* | *3* | |
| 5 b) | *0,5 Punkt für den richtigen Platz in der Rangfolge (eine Lösung ist vorgegeben).* | *3,5* | |
| | ***Gesamt:*** | ***= 13,5*** | |
| ▷ S. 86 | ***3. Schreiben (ab S. 86)*** | | |
| Einleitung | *Du formulierst eine **Einleitung**, in der du das **übergreifende Thema**, das **Zitat** deiner Wahl und **die Person/en** nennst, von denen es gesagt wurde.* | *3* | |
| Mittelteil | *Du **begründest** deine Entscheidung ausführlich, indem du …* | | |
| | *– auf die **Person/en**, von der das Zitat stammt, eingehst.* | *2* | |
| | *– die **Bedeutung des Zitats** erläuterst.* | *2* | |
| | *– **den Zusammenhang zum Thema** zur Projektwoche herstellst.* | *2* | |
| | *– das Zitat auf den **Alltag von Kindern und Jugendlichen** beziehst.* | *2* | |
| | *– **Kürze und Einprägsamkeit** des Zitats bewertest.* | *2* | |
| | *– zur **Verständlichkeit** des Zitats Stellung beziehst.* | *2* | |
| Schluss | *Du fasst deine Argumente kurz in einem **Fazit** (Schlussurteil) zusammen.* | *1* | |
| Darstellungsleistung | *In deiner Begründung …* | | |
| | *– … benutzt du grundsätzlich das **Präsens**.* | *1* | |
| | *– … verwendest du durchgängig **Standardsprache** und keine Umgangssprache.* | *1* | |
| | *– … machst du **gedankliche Zusammenhänge** klar, indem du einleitend jeweils entsprechende Redewendungen („Dafür spricht außerdem, dass ..") verwendest.* | *1* | |
| | *– … verknüpfst du die Sätze durch **Konjunktionen** wie „denn", „sodass", „obwohl", „indem" und Adverbien wie „zudem", „deswegen" usw.* | *2* | |
| Rechtschreibung | *Hier kannst du – je nach Fehlerzahl – bis zu vier Punkte anrechnen:*<br>*0–3 Fehler = 3 P.; 4–6 Fehler = 2 P.; 6–9 Fehler = 1 P.; 9 Fehler und mehr = 0 P.* | *3* | |
| | ***Gesamt:*** | ***= 24*** | |
| ▷ S. 87 | ***4. Texte überarbeiten (ab S. 87)*** | | |
| 1 | *0,5 Punkte für jeden korrigierten Fehler (Wiederholungen zählen einfach).* | *6* | |
| 2 | *0,5 Punkte für jeden richtig bezeichneten sowie korrigierten Fehler.* | *6* | |
| 3 | *0,5 Punkte für jeden erkannten sowie korrigierten Fehler.* | *6* | |
| | ***Gesamt:*** | ***= 18*** | |
| | ***Gesamtpunktzahl:*** | ***100*** | |

## Bewertungsschlüssel für diesen Lernstandstest:

| 73–100 Punkte (73–100 %) | 59–72 Punkte (59–72 %) | 45–58 Punkte (45–58 %) | 0–44 Punkte (0–44 %) |
|---|---|---|---|
| *Du liegst im sehr guten bis guten Bereich. Schau dir trotzdem noch einmal genau die Stellen an, an denen du dich noch verbessern kannst.* | *Deine Leistungen sind durchschnittlich. Einiges gelingt dir schon ganz gut, trotzdem solltest du dir fehlerhafte Stellen noch einmal anschauen, um diese Aufgabenarten zu üben.* | *Deine Leistungen sind noch ausreichend. Überarbeite deine Ergebnisse noch einmal. Versuche, Fehlerschwerpunkte zu entdecken und diese gezielt zu beheben.* | *Du hast in vielen Bereichen noch Schwierigkeiten. Sprich mit deiner Lehrerin/deinem Lehrer darüber, wo deine Fehlerschwerpunkte liegen und wie du sie gezielt verbessern kannst.* |